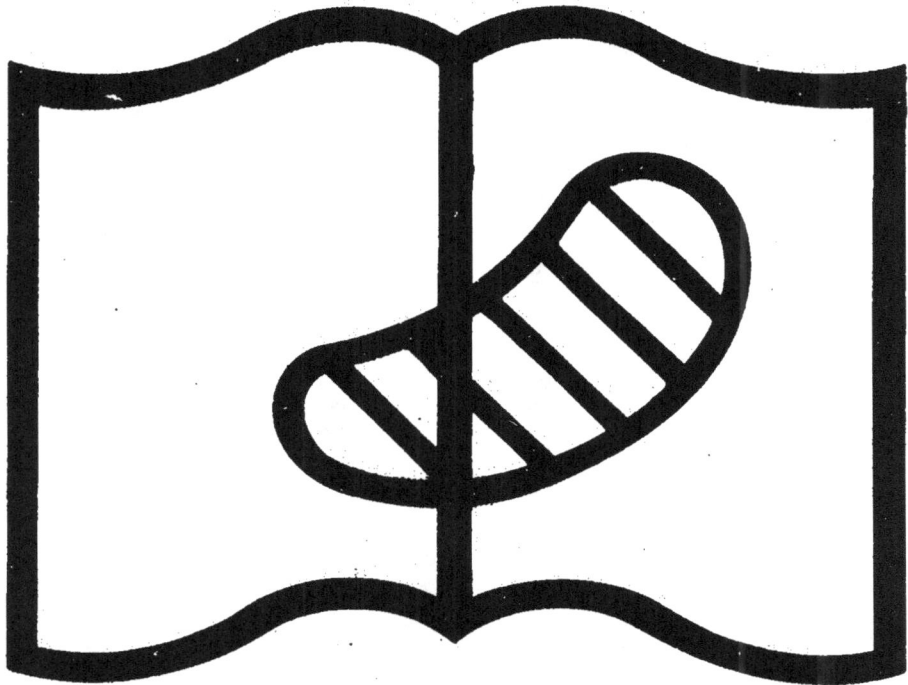

Original illisible

NF Z 43-120-10

Symbole applicable
pour tout,ou partie
des documents microfilmés

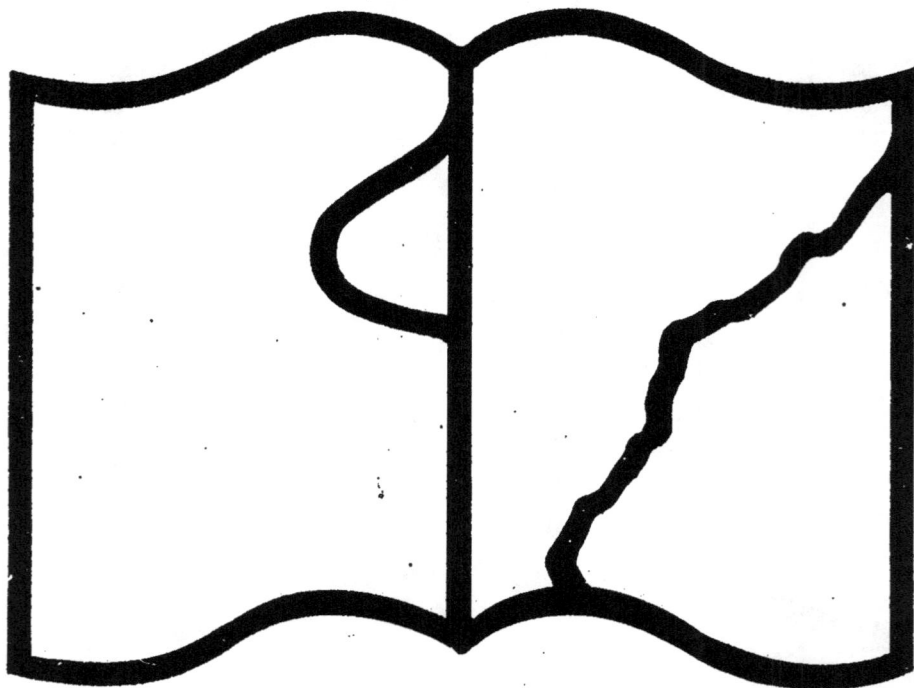

Texte détérioré — reliure défectueuse

NF Z 43-120-11

Symbole applicable
pour tout, ou partie
des documents microfilmés

PAUL NORD

L'Essor Moderne

vers

L'Idéal des Temps Nouveaux

Les Perspectives Nouvelles
de la Pensée Moderne

L'UNIVERSALISME — MONISME INTÉGRAL OU PANMONISME
PROBLÈME MORAL — PROBLÈME SCIENTIFIQUE — PROBLÈME SOCIAL
LES LOIS UNIVERSELLES DE LA NATURE ET DE LA VIE
LES DESTINÉES DE L'ÊTRE ET DE L'HUMANITÉ

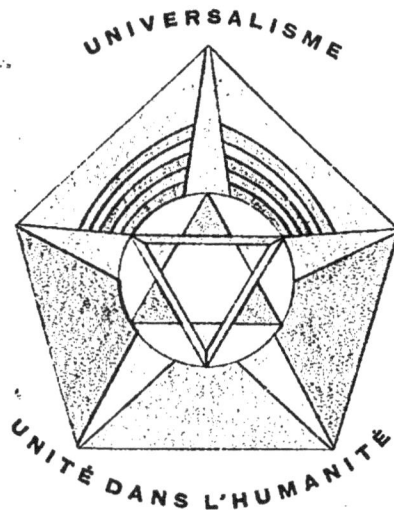

Nil novi sub sole... omnia tamen semper novissima.

Il n'y a qu'une vérité.

PARIS
LIBRAIRIE ARNAUD
26, AVENUE DE L'OPÉRA, 26
1910

LA CONFÉDÉRATION HUMANITAIRE INTERNATIONALE

" UNION ÉCLECTIQUE UNIVERSALISTE "

ACADÉMIE SOCIALE DES SCIENCES INTÉGRALES

Secrétariat général : 86, boul. de Port-Royal, Paris-vᵉ.

Association déclarée le 5 octobre 1906, Fondée en 1848 « l'Arc-en-Ciel ».

EXTRAIT DES STATUTS

But essentiel : rechercher l'*unité de la pensée humaine* dans ses trois modalités essentielles.

Tendances
- *a*): rechercher tout ce qui peut servir au *progrès*, rapprocher et unir les hommes.
- *b*): lutter contre la misère physique, intellectuelle et morale.
- *c*): faire l'union fédérale des doctrines et des écoles en vue de la *paix universelle*, par la science et par l'amour.

Détail du but essentiel.
- *d*): donner à l'Humanité l'idée, le sentiment de sa grandiose unité.
- *e*): donner, dans l'*Universalisme*, une synthèse essentielle et centrale, claire et complète des connaissances humaines.

Adhésion : toute morale, pas de cotisation.

Travail : Revues, livres, théâtre, conférences, correspondances, causeries.
Trois comités (ou tendances) autonomes, faisant converger leurs travaux vers cette unification de la pensée. On s'allie librement à un, deux ou trois comités à son gré.

Organisation : liberté absolue, impartialité, impersonnalité, sincérité, indépendance.

LES TROIS COMITÉS :

I COMITÉ D'ÉTUDES SCIENTIFIQUES ET PHILOSOPHIQUES	II COMITÉ D'ÉTUDES PSYCHIQUES, SPIRITUALISTES ET ESTHÉTIQUES	III COMITÉ D'ÉTUDES SOCIOLOGIQUES ET HUMANITAIRES
Recherche : *le Vrai*	(*le Beau, l'Idéal*) Les beaux-arts. — Les belles-lettres. — Les religions (exotérisme et ésotérisme). — Les initiations. — Les sciences psychiques.	(*le Bien, le Juste*) Questions sociales (éducation, féminisme, mutualité, arbitrage, droit international, etc.)
Méthode expérimentale Méthode intuitive		Le congrès de l'Humanité intégrale. — L'école de la Paix.— L'école de la Pensée. — Les sociétés d'éducation pacifique, etc.
Les Universités, La Sorbonne.	Les écoles initiatiques et esthétiques.	

Direction : toute morale : pas de présidence d'autorité, ni d'habitude, mais par ordre alphabétique et par séance.
La Confédération a l'avantage de réunir les individus et les groupements par leurs meilleures tendances, en leur laissant leur autonomie complète et leur liberté entière.
Le Comité général centralisateur dégage l'unité du travail des trois comités pour constituer une sorte de CREDO UNIVERSEL DE LA PENSÉE HUMAINE.

Le secrétaire général :
PAUL NORD,
Président du Congrès permanent de l'Humanité intégrale.

Tours, imprimerie E. ARRAULT ET Cⁱᵉ.

L'Essor Moderne

vers

L'Idéal des Temps Nouveaux

PUBLICATIONS UNIVERSALISTES

En cours de publication (dans la Revue de la Fédération nationale des employés et des commerçants détaillants « *L'Entr'aide* ») :

L'Éducation de la Démocratie.

(*Études d'histoire sociale*)

Le rôle du travailleur à travers l'histoire ancienne et moderne. — Son rôle social. — Son avenir.

PAUL NORD

L'Essor Moderne

vers

L'Idéal des Temps Nouveaux

UNE ÈRE NOUVELLE DE LA SCIENCE ET DE LA PENSÉE
L'UNIVERSALISME
DOCTRINE CENTRALE ESSENTIELLE — PHILOSOPHIE ABSOLUE
MONISME INTÉGRAL OU PANMONISME

> La race humaine est propagée par des
> milliers d'individus, mais elle ne vit que
> par l'esprit de quelques-uns.
>
> GOETHE.

PARIS

LIBRAIRIE ARNAUD

26, AVENUE DE L'OPÉRA, 26

—

1910

A mes anciens maîtres en littérature et en philosophie,

M. LAVAUX
Professeur agrégé au Lycée de Marseille

M. A. DEBON
Professeur agrégé au Lycée de Lille

Hommage d'affectueux respect.

INTRODUCTION

La grande Pensée Libre.
L'œuvre conciliatrice de l'Universalisme

A l'Élite.

De grandes doctrines ont régné sur le monde. Aucune d'elles, dans notre cycle, n'a réussi à prendre, sur la pensée humaine, une emprise suffisante pour la guider définitivement vers la Vérité capable de satisfaire le double besoin d'analyse et de synthèse. Celui-ci est resté jusqu'ici trop souvent scindé en deux parts, en quelque sorte étrangères l'une à l'autre, presque adverses et hostiles, conformes en cela aux vues trop spéciales des orthodoxies religieuses et athées.

Les générations nouvelles sont un peu lasses des contradictions que leur offrent leurs devanciers, qui, en leur montrant le résultat de recherches longues et patientes, n'aboutissant qu'au doute, leur disent : « Toute la science est là. »

Si l'on s'arrête à l'une de ces doctrines particulières, elle se présente avec un ensemble d'arguments qui l'étayent suffisamment pour lui donner raison. En réalité, chacune d'elles a raison, mais partiellement, et il faut s'élever au-dessus

1

de toutes pour juger le rôle que chacune de ces méthodes joue dans la recherche de la vérité intégrale, dans l'ensemble de la connaissance, dans l'Universalisme.

C'est donc aux esprits libres de toute contrainte étroite, affranchis de tout sectarisme obstiné, libérés de tout endoctrinement invétéré, c'est à l'élite, que nous faisons appel et que nous recommandons ces pages.

L'Universalisme nous ouvre les voies de l'avenir par sa tolérance absolue, sa sincère recherche du vrai et son essor vers la réalisation progressive du bonheur de l'humanité, par la conciliation des idées fondamentales et le sentiment conscient de l'évolution intégrale de la grande famille humaine vers le mieux.

*
* *

Le livre est une lettre ouverte, adressée à tous les amis inconnus que l'on a dans le monde. Nous serons très heureux de recevoir et d'apprécier les considérations que ces études pourront provoquer dans les milieux compétents et intimement autorisés pour juger les grands problèmes de la vie physique, intellectuelle et morale.

Contrairement aux écoles qui contredisent toutes les autres, qui nient leurs données et s'édifient sur leurs ruines, nous ne détruisons pas : nous concilions. Nous centralisons ce qui fait le fond essentiel de la pensée humaine, adaptée à l'évolution actuelle. En un mot nous faisons œuvre de fraternité intellectuelle.

A cet égard, la connaissance de plus en plus profonde et précise de la vie qui nous entoure dans l'Univers, dans l'ambiance immédiate et en nous-mêmes est bien la question primordiale et essentielle qui intéresse indirectement tous les êtres, et plus spécialement ceux qui comprennent l'intérêt de ces problèmes fondamentaux.

Toutes les sciences humaines font, en définitive, converger leurs efforts et leurs résultats vers l'observation réfléchie, l'investigation judicieuse de la nature et de la vie générale, individuelle et sociale.

Une évolution sociale, une ère nouvelle commence pour le monde moderne et la France est appelée à jouer un rôle capital dans cette Renaissance du vingtième siècle, édifiée sur les bases d'un idéal nouveau.

La société moderne a, en effet, besoin d'un idéal à la fois plus élevé et plus réel que tous ceux qui l'ont séduite jusqu'ici. Il lui faut des certitudes. Ces belles certitudes, dont le cœur a soif tout autant que la raison, nous considérons comme un devoir de les publier à l'intention de ceux de nos frères humains qui pourront y trouver le puissant réconfort que nous y avons puisé nous-même. Ce livre est d'ailleurs l'ébauche d'autres plus considérables, actuellement sur le chantier.

Le Secrétaire général de la Confédération Humanitaire Internationale. « Union Éclectique Universaliste » Académie sociale des Sciences intégrales

CHAPITRE PREMIER

Une ère nouvelle de la Science et de la Pensée.
Les perspectives nouvelles de la Pensée moderne.

1. — *L'Universalisme ou Monisme Intégral.*

> Je suis persuadé qu'un jour viendra où le physiologiste, le poète et le philosophe parleront la même langue et s'entendront tous.
> CLAUDE BERNARD.

Chacune des manifestations de la pensée humaine est une aspiration vers le mieux, une tentative de progrès, un pas en avant, un effort vers la vérité, vers la vie absolue, à laquelle nous tendons tous, plus ou moins consciemment.

À nous d'en dégager les principes, de découvrir la trame qui les unit et qui nous guide vers des notions toujours et simultanément plus précises, plus vastes et plus profondes.

Les contradictions entre les sciences humaines sont d'ailleurs plus apparentes que réelles. Les sciences, les philosophies, les arts et les religions sont des faces partielles et des phases particulières de l'évolution progressive vers la compréhension de la loi intégrale qui est une et qui régit tout.

La vérité, même relative, doit être conciliatrice de toutes les divergences, unique et intégrale. La tradition et la création, le passé et l'avenir doivent s'harmoniser en elle et vivre par elle.

Cette doctrine générale et centrale, cette synthèse, cette trame secrète qui unifie et relie toutes les modalités théoriques, l'Universalisme ou Monisme Intégral, met fin à l'éternel conflit entre le mode de penser matérialiste, positiviste d'une part et la nuance spiritualiste, ésotérique, mystique d'autre part. Il est le terrain commun qui les relie, mieux qui les unit et il prouve à leurs adeptes réciproques qu'ils ne sont que la continuité les uns des autres. Il rapproche toutes les doctrines sans les détruire. Il les fusionne par ce qu'elles ont de plus juste et de meilleur. Il est le foyer central d'où rayonne la plus grande somme de vérité et de beauté accessible à notre degré d'évolution.

C'est cette œuvre d'encyclopédie vivante, d'éclectisme rationnel, que réalise l'Universalisme, Philosophie absolue, Doctrine fondamentale et essentielle, foyer centralisateur, également prévu par les deux grandes écoles adverses : matérialiste et idéaliste.

2. — Les perplexités de la Conscience moderne. Le grand Doute.

> L'époque moderne semble vouloir
> étouffer son cœur. Est-ce pour ne pas
> penser... ou pour mieux réfléchir ?

Le scepticisme est la note dominante de notre époque. La conscience moderne, lasse des chimères dont on l'a nourrie trop souvent, se refuse à des assimilations nouvelles qui ne soient pas du domaine rationnel. Le doute est en réalité un besoin d'examen très légitime.

En effet, les erreurs volontaires ou inconscientes des croyances humaines ont conduit une foule de penseurs à s'affranchir de la lettre, où la pensée étouffe comme en un tombeau. Bien rares sont ceux qui comprennent suffisamment l'esprit, pour dégager les dogmes de croyance ou d'incroyance de la lettre qui les entrave et pour y voir le haut idéal qui manque actuellement à la pensée humaine.

Le principal résultat fut de plonger ces chercheurs dans les antres les plus obscurs du doute. Les générations spiritualistes s'attachent à l'esprit et les générations matérialistes à la matière, avec une telle spécialisation qu'elles vivent, en quelque sorte, dans deux univers différents.

Et pourtant, sans aller plus loin et à première vue, l'homme lui-même n'est-il pas fait de matière et d'esprit? N'est-il pas l'aboutissant de ces deux concepts? (nous ne disons pas : réalités). N'est-il pas le champ clos de leur éternel conflit? Nos sens perçoivent les choses qui nous entourent et dont la réalité nous est attestée par des comparaisons, par des ressemblances ou des différences que nous signale notre esprit. Et ces relations sont si nombreuses qu'elles paraissent infinies. La fraction que nous en connaissons est cependant infime, comme un nombre en présence de l'infini.

L'homme fini se prolonge dans l'infini, deux mondes qui semblent séparés par des abîmes et qui pourtant sont unis par des rapports incontestables, des harmonies d'autant plus profondes qu'on les examine de plus près.

La raison humaine ne peut concevoir l'absolu par la seule raison. Le problème de l'absolu se présente sous deux faces. Ou bien la Matière et l'Esprit (l'absolu) sont contemporains, ou bien l'absolu préexistait à la matière. Il faut choisir entre ces deux concepts qui amènent également au doute.

Supposons la matière et l'esprit contemporains. Mais est-ce être absolu que de subir l'existence d'un élément qui vous est étranger. L'absolu ne s'abaisse-t-il pas en ce cas

au rôle secondaire d'organisateur de la matière? Qui l'a
décidé? Est-ce l'esprit ou la matière? Ce ne peut être un
élément supérieur à l'absolu, car la question reculerait indéfiniment. Ce principe supérieur à tout, peut-il être demeuré
quelque temps sans vouloir ce qu'il a voulu, tout ce qui
est? L'éternité se divise-t-elle en éternité incréée et en éternité créée?

Si l'absolu n'avait pas connu d'abord sa pensée créatrice,
son intuition intégrale ne périrait-elle pas? S'il a toujours
voulu le monde tel qu'il est, ce qui d'ailleurs est en harmonie avec la suprême intelligence, nous sommes de nouveau en présence d'une hypothèse de coéternité de la matière.

Que cette coéternité de l'esprit et de la matière pro-
vienne de l'un ou de l'autre, l'Absolu perd sa liberté et son
libre arbitre. La perpétuelle cohésion de l'esprit avec la
matière rend celui-là dépendant de celle-ci. Peut-on concevoir un absolu qui ne puisse être ni complètement indépendant, ni dépendant de ses éléments? Peut-il les détruire
sans s'anéantir lui-même, que ce soit en un instant ou lentement?

L'Univers est-il une tentative périssable appelée à disparaître? L'absolu serait-il inconséquent, s'il n'a pu prévoir, ou impuissant, s'il a réalisé un monde imparfait?

L'imperfection de la création nous empêche de l'attribuer
à l'absolu. Supposons donc la création parfaite, ce qui est
en harmonie avec la perfection de l'absolu. Mais alors pourquoi le changement, la dégradation, la régénération? Le
monde parfait ne doit pas périr? L'absolu sera donc dépendant de son œuvre co-éternelle!

On ne peut admettre un absolu progressif, un absolu qui
ne serait pas absolu, et qui ne sache pas, de toute éternité.
le résultat de la création. Et si l'absolu était stationnaire,
ce serait le triomphe de la matière.

Ne pouvant résoudre ce dilemme, cet éternel conflit de
la matière et de l'esprit, des générations ont imaginé les

deux principes du bien et du mal, la lutte de Satan combattant le Père éternel. Mais n'est-ce pas la plus gratuite injure à faire à la majesté divine que de lui supposer cet éternel contradicteur? L'aboutissant de cette lutte de deux forces perpétuellement antagonistes ne peut être l'équilibre, mais le néant, cet absolu négatif, d'ailleurs impossible.

Supposons la deuxième face du problème : l'absolu préexistait seul. Les discussions précédentes reviennent dans toute leur force au sujet d'une éternité incréée et d'une éternité créée.

Ne parlons pas davantage des problèmes posés par l'existence des mondes, par leur marche ou leur immobilité. Voyons l'esprit préexistant seul. La matière est alors issue de lui, donc plus de matière, le monde est éternel, l'état actuel de la matière devient inexplicable. Comment admettre que l'absolu, souverainement parfait et bon, ait engendré des fruits qui soient en désaccord avec son essence, qui ne soient pas entièrement et toujours semblables à lui. Y avait-il donc en lui des parties imparfaites dont il aurait rejeté le poids ? Ce serait de l'imprévoyance.

L'absolu est un et ne peut se scinder sans renoncer à ce principe primordial, on ne peut admettre une portion d'absolu qui ne soit pas l'absolu. Comment imaginer alors une intelligence suprême qui ne triomphe pas ? Comment l'adjoindre à la Nature qui tâtonne, essaie, recommence, meurt, renaît, ignore, souffre, se trompe, s'évanouit, se perpétue? Pourquoi le mal ? Pourquoi la mort? Quel est le but et la fin de l'Univers ?

Tout est un, comme l'Absolu, et l'on ne conçoit ni point de départ, ni aboutissement. Sous quelle forme l'absolu est-il le plus l'absolu? Qui a raison de la matière ou de l'esprit, dont l'une ne semble rien savoir? L'autre sait-il tout ? Peut-on concevoir l'absolu se rétrécissant dans la plus étroite relativité, s'amusant de ses propres souffrances, créateur qui s'ignore dans la créature.

La magistrale inertie de l'hypothèse précédente semble

plus acceptable, s'il fallait choisir la moindre invraisem-
blance, que l'hypothèse de cette grande âme de la Nature
se fusillant elle-même dans tous les conflits fratricides des
humanités et même des animalités et des éléments. C'est
cette hypothèse qu'admirent les anciennes mythologies qui
déifièrent toute la Nature, même le crime.

Si l'on admet ce panthéisme, qui a raison du sauvage
vivant selon la nature ou du civilisé qui torture la nature,
notamment pour se forger et fourbir des armes de destruction, qui brûle la vie sans la connaître, qui multiplie ses
maladies physiques et morales par le culte de ses préten-
dus plaisirs, qui ment presque toujours au point de se jouer
à lui-même une perpétuelle comédie souvent tragique?

Si le monde physique semble inexplicable, que dire du
monde moral? Il complique davantage le labyrinthe de la
pensée. Mais où est alors le progrès? Où est, surtout dans
les nuances, le bien ou le mal? Si tout se perfectionne,
pourquoi les enfants meurent-ils, pourquoi les nations, tout
au moins les races, ne se perpétuent-elles pas?

Le monde, issu de l'absolu, enclavé en lui, est-il stagnant?
Vivons-nous une fois, ou toujours? Si nous vivons une fois,
nous ne sommes que le jouet de forces aveugles. Si nous
vivons toujours, pourquoi n'en avons-nous pas conscience
en général? Y a-t-il des êtres qui en aient conscience? Sinon,
laissons faire. Où sont les transitions qui marquent la crois-
sance et la vie. Si la créature se trompe, sera-t-elle punie
après avoir été si souvent victime? Que devient la bonté
divine qui ne nous met pas immédiatement dans les régions
bienheureuses, plus près de l'âme absolue? Que devient la
prescience du grand Architecte des mondes, s'il ignore le
résultat de nos épreuves voulues par ses lois?

Qu'est-ce que cette perspective de presque toutes les
religions de rôtir éternellement en enfer ou de contempler
béatement, en robe blanche, une palme à la main, et une
auréole au front? Peut-on admettre que cette conception
d'un paganisme échevelé soit le dernier mot de l'absolu?

Quel homme de cœur ne s'indignera pas du trafic et du calcul d'un culte quelconque qui promet ce genre de bonheur ou de malheur à qui se livrera ou ne se livrera pas, pendant quelques instants, à des formalités de comédie extérieure ! Que dire du criminel qui se confesse et gagne le ciel tandis que le brave homme qui a manqué une messe prendra un perpétuel bain de vapeur dans les chaudières maintenues sous pression par la bonté céleste ?

Et que dire surtout du plaisir intense qu'un parent élu éprouvera, paraît-il, à voir éternellement souffrir son parent non élu ? N'est-ce pas la plus monstrueuse injure que l'on puisse faire à la bonté, non seulement divine mais pure et simple ? Où est alors le bien ou le mal ? Le mal existe-t-il même ?

La raison et la sensibilité sont les deux facultés maîtresses de l'homme. Il est tout naturel qu'il cherche un sens à la vie, qu'il interroge l'avenir mystérieux et qu'il se demande quelle est la cause des douleurs humaines et si ses raisonnements n'aboutissent qu'à une confusion, l'univers n'aurait-il aucune fixité, ni progrès, ni recul ? Pourtant, tout change et rien ne se désagrège. La matière elle même ne peut s'anéantir, elle se transforme simplement. Sur quoi se basent alors les religions, la morale, la justice ?

Pour la grande majorité des hommes la réponse à tant d'incertitudes est le geste de Montaigne qui repose son « incuriosité » sur le mol oreiller du doute. Mais ce n'est pas une vraie solution ? Où donc est la vérité ?

Comme nous le disions en tête de ce chapitre : L'époque moderne semble vouloir étouffer son cœur. Est-ce pour ne pas penser... ou pour mieux réfléchir ?

L'Universalisme nous donnera la réponse et la méthode de recherche permanente qui nous indiquera la voie, de telle façon que nous ne nous égarions plus dans les labyrinthes d'alentour.

3. — *Le Suicide, mal moderne.*

Le suicide peut être qualifié à juste titre de mal moderne. C'est une des plaies contemporaines les plus accusées et ses ravages s'étendent à des générations de plus en plus jeunes, beaucoup plus aptes, de par leur âge, à s'assimiler les premiers éléments de la vie. La proportion des désespoirs conduisant à une fin tragique et volontaire augmente de jour en jour, faisant l'effroi de l'observateur.

Le héros de Chateaubriand, René, se bornait à désespérer de la vie. Actuellement on n'attend même plus d'avoir vécu pour se débarrasser de l'existence en la désertant.

Quelles sont donc les causes de ce mal profond ? Où réside la source de ces désertions multipliées ? Ces causes sont nombreuses.

La plus importante de toutes est l'ignorance où sont plongés la plupart de nos contemporains sur le sens et la raison d'être de la vie. En général on ne sait comment expliquer ce mystérieux point d'interrogation et le découragement s'empare vite de ceux qui n'entrevoient pas d'horizon, qui ne conçoivent pas un avenir, résultant du présent et devant lui faire naturellement suite. C'est le grand doute qui est la source des grands désespoirs.

Ajoutons-y le besoin de luxe, la recherche de sensations raffinées et rares. Tout le monde veut vivre agréablement, confortablement et les difficultés du *struggle for life* ne font qu'exacerber cet assaut frénétique des biens de la terre. La voix de la conscience est bien souvent étouffée par celle des appétits.

Mais ce ne sont pas seulement les heureux du jour qui sont entraînés dans ce tourbillon de frénésie. A l'autre extrême, la misère fait aussi ses victimes et pour y échapper, nombreux sont les individus, ou même les familles, qui demandent au réchaud, au revolver, à la noyade ou à la corde, l'oubli de leur détresse et la fin de leurs souffrances.

Quel est le remède capable d'enrayer le suicide ?

Il réside précisément dans la réponse à l'interrogation que nous posions plus haut comme cause principale de ce fléau. Quand l'homme connaîtra les ressorts profonds qui déterminent son existence, le jeu de leur mécanisme lui donnera la clef de l'énigme. Il saura que le présent est déterminé par le passé et engendre l'avenir. Il saura avant tout qu'il y a un passé et un avenir à la vie présente et l'emploi de son existence, découlant logiquement pour chaque individu de son passé, lui donnera l'explication des différences physiques, intellectuelles, morales et sociales qu'il constate partout.

Il importe donc que ceux qui sont initiés à la grande loi d'évolution et de solidarité répandent autour d'eux la notion bienfaisante de la responsabilité de l'homme vis-à-vis de lui-même, en vue de son propre progrès et de l'édification du bonheur général de l'Humanité.

4. — *Une Ère nouvelle de la Science.*

Aux membres d'honneur de la Confédération Humanitaire Internationale « Union Eclectique Universaliste »; aux précurseurs de l'Universalisme.

Une ère nouvelle se prépare, à l'élaboration de laquelle vous avez particulièrement contribué. Malgré les antagonismes, et les difficultés de l'heure présente, beaucoup de nos frères humains sont sourdement travaillés par des aspirations pacifiques, nettement orientées vers plus de fraternité et qui sont comme la manifestation, parfois irrésistible, d'un besoin général et grandissant de l'esprit humain.

Que ce soit au nom d'un socialisme loyal ou d'un christianisme sincère, pour ne prendre que les deux grands courants de la pensée occidentale, c'est toujours la même note d'espoir, le même instinct d'idéal qui pousse les hommes à se rassembler et à se traiter du beau nom de frère.

L'évolution des idées nous fait entrevoir des possibilités de réalisation encore lointaines, mais déjà nettement visibles à la lumière de la science moderne.

Une philosophie, nouvelle pour notre civilisation, basée sur la science, qui est renouvelée elle-même par l'évolution progressive à laquelle rien n'échappe, étudie le domaine de la nature et la personnalité intime de l'homme. Les merveilleux phénomènes qui s'y rattachent et en dépendent attirent l'attention de savants et de penseurs de plus en plus nombreux.

Tel un enfant qui jette ses langes pour marcher seul, notre humanité est mûre pour une solution satisfaisante des grandes énigmes qu'elle n'a pu résoudre jusqu'ici, dans notre cycle d'évolution ascensionnelle. Les aperçus de la philosophie nouvelle modifieront, chez beaucoup de nos frères, la façon d'envisager la vie et transformeront les sociétés dans le sens du bien, du juste, de l'union et de la fraternité universelle, à laquelle tout le monde aspire plus ou moins consciemment.

La psychologie nouvelle n'est que la préface de cet essor d'une œuvre sociale s'étendant à l'humanité entière. A la foi simple et parfois aveugle des temps anciens, à la négation scientifique à priori, nécessaire pour l'analyse scientifique, au doute philosophique fécond des temps modernes succèdera une vaste synthèse à la fois scientifique, philosophique, économique, esthétique et morale.

Ce sera l'union de toutes les formes de connaissance et de croyance dans la Connaissance des lois éternelles du Vrai, fusion de toutes les formes de religions et de sciences dans la compréhension supérieure de notre existence ici-bas. Nous saurons pourquoi nous sommes, d'où nous venons et où nous allons sur cette route infinie dont la vie présente n'est qu'un passage.

La crise sociale qui enfièvre actuellement le globe trouvera une solution pacifique, équitable pour tous et reconnue comme telle par tous, et les humains, las de haïr, uniront leurs efforts à la conquête d'un monde meilleur.

Et ce sera votre mérite d'y avoir contribué par vos œuvres éminentes et si réconfortantes. Les générations futures préciseront peu à peu le grand œuvre dont vous annoncez les bienfaits.

Plusieurs de ces chapitres, parus dans les *Nouveaux Horizons des Sciences et de la Pensée*, dans *le Spiritualisme moderne*, dans la *Revue de la Fédération Nationale des employés*, dans la *Revue Scientifique et Morale*, etc., sont nés en suivant la voie que vous nous avez tracée. Si les idées générales, les vues d'ensemble qui font défaut à notre époque, y sont particulièrement examinées, c'est qu'il est bon, indispensable même en l'espèce, de frapper souvent sur le clou résistant de l'incrédulité enté sur le nœud de l'égoïsme avec le marteau de la conviction rationnelle.

Nous arborons, sous vos auspices, l'étendard de la fraternité vivante, de la solidarité générale, prouvée autant par la connaissance scientifique des lois de la Nature que pressentie et vécue par les mouvements généreux des aspirations du cœur.

Je vous dédie ces pages comme le légitime hommage de ma respectueuse et vive affection.

5. — *Aux Hommes de bonne volonté.*

Le vingtième siècle verra la réalisation d'une grande idée. La riche moisson d'aspirations sincères et désintéressées qui montent vers l'avenir produira une phalange

nombreuse éclairée et dévouée, avant-garde d'une ère de
résultats féconds, d'émancipation et de fraternité vraie.

La Grande Révolution fut un cri de douleur, de colère
et d'espoir. Elle ne se résume pas dans les années qui
terminèrent le dix-huitième siècle et qui virent d'horribles
massacres C'était là la phase brutale et matérielle, mais
elle se continue et se fait surtout depuis, peu à peu. Le
siècle actuel solutionnera une grande partie de ses espoirs,
abolira une somme considérable des griefs qu'elle a engendrés à l'origine.

Son développement acquis nous donnera le sens, l'orientation de la pensée moderne qu'il est nécessaire de déchiffrer, d'aiguiller, après l'avoir dégagée du chaos qui
l'énerve. Il faut pour cela dissiper le brouillard des préjugés, l'atmosphère pestilentielle des haines, montagnes
d'iniquités accumulées par les siècles écoulés.

Nulle phase de l'évolution générale n'est plus propice
que l'époque actuelle à une action féconde de la pensée humaine. La crise sociale qui enfièvre l'humanité semble
prendre une tournure de jour en jour plus aiguë. L'inquiétude augmente parmi les détenteurs du capital, en
même temps que les colères s'accroissent chez les déshérités.

Le conflit, sans cesse menaçant, peut dégénérer en mêlée
sociale dans un avenir prochain. La masse de nos frères,
la foule, vit dans les ténèbres. L'obscurité des dogmes, la
religiosité superficielle, ont engendré un néantisme rationnel dont les sociétés modernes sont le triste produit.
Si les théories négatives devaient être poussées jusque
dans leurs applications sociales, nous assisterions à une
de ces épopées terribles, éclairée du feu des sinistres,
convulsion dernière, débâcle d'un monde.

Que ceux qui sont conscients des efforts à faire, des
tendances à encourager, des idées utiles à répandre, s'unissent pour le bien général dont dépend la satisfaction individuelle.

L'Humanité, la Grande Famille, commence à s'éveiller à la compréhension de ses grandioses destinées. Aidons-la à prendre conscience de son radieux avenir qui nous appelle tous vers le bonheur, à travers des étapes de moins en moins douloureuses.

L'horizon s'éclaire, en effet, d'une aurore certaine. Il convient que ceux qui savent la percevoir s'unissent pour en hâter l'avènement, pour atténuer, dans la mesure du possible, les chocs fréquents entre la misère et l'abondance, la faim et l'indigestion, entre l'altruisme, cet égoïsme expansif et l'égoïsme restrictif, ou proprement dit, qui est encore le grand ressort des activités humaines.

Il faut tenter d'aider l'Évolution en évitant la Révolution. Et pour cela, l'union des vrais humanitaires peut être profondément efficace. Si l'union fait la force, c'est surtout pour les nobles causes. Il convient de rapprocher les hommes en leur faisant comprendre la Solidarité dans la Nature et dans la Vie. C'est une loi essentielle de l'Univers, que les sociétés, encore barbares, comme la nôtre, ignorent.

Cette œuvre est le but poursuivi par l' « Union Éclectique Universaliste » qui, par sa forme de Confédération, crée entre ses adhérents un lien moral d'autant plus solide qu'il se place au-dessus de tous les particularismes et laisse entièrement libres les sociétés et les individus qui en font partie. Nous ne demandons à nos adhérents que de la sincérité et du dévouement à la cause du progrès général pour faire partie de la Confédération Humanitaire Internationale.

Convaincus que la pensée est la grande force par excellence, nous en faisons l'axe de nos efforts. La fondation, due à notre aïeul, ami et contemporain d'Eugène Nus et d'Auguste Comte, remonte à 1848, au cénacle privé baptisé « l'Arc-en-ciel ». La déclaration officielle, conforme à la loi du 1er juillet 1901, faite le 5 octobre 1906, nous donne l'existence juridique et le patronage du mouvement.

Peu à peu l'idée humanitaire pénétrera les masses. L'accueil qui lui est fait, sous ses aspects nouveaux, par l'élite

des penseurs de toutes nuances, encourage les plus belles
espérances, car cette humanité, si pleine de défectuosités,
possède les germes des plus grandes destinées, des plus
fertiles réalisations. Et si, à force d'observer, l'on devient
pessimiste, en observant mieux encore, l'on sent renaître
en soi, à un degré plus élevé que jamais, la foi en l'avenir
perfectible de l'Humanité.

La méthode éclectique nous permet de rechercher les
sources de vérité partout où elles sourdent, d'extraire les
éléments de progrès de tous les milieux. Nous ne pouvons
avoir d'adversaires sincères, ni sérieux, puisque nous voulons le bien de tous, et que, pour le réaliser, nous cher-
chons la Vérité dans tous les puits où elle se dissimule.

Nous savons que le progrès est lent, que les armées per-
manentes, hélas! semblent devoir encore exister un certain
temps, qu'aucun coup de baguette magique ne peut changer la face du monde. C'est qu'il doit en être ainsi.

D'ailleurs cette immobilité n'est qu'apparente. La comparaison de notre époque avec le moyen âge, et, plus avant,
avec la préhistoire, suffit à l'établir. Les difficultés, les
imperfections ne se suppriment pas, elles se surmontent,
elles se transforment, elles s'améliorent. Le bien naît du
mal par l'évolution.

Mais alors notre devoir, en face de ces obstacles, est de
favoriser les germes de progrès qui sont en nous et dont
nous serons les premiers à jouir. C'est par le perfectionnement de l'individu que se solutionnera peu à peu la question sociale, et, plus on travaillera à cette éducation, plus
on évitera les conflits sanglants, les violences toujours
néfastes.

Mais il ne suffit pas d'y penser passagèrement, comme le
soupeur, qui, après un festin, frissonne en songeant aux
drames sociaux, aux menaces anarchistes.

Ce n'est d'ailleurs pas à prix d'or que l'on peut supprimer
la misère. On sait à quelle somme minime aboutirait le
partage de toutes les fortunes dont l'inégalité ressuscite-

rait l'instant d'après. Ce n'est pas une raison de légitimer l'égoïsme féroce et l'inconscience de la légion des arrivistes et de personnes fortunées qui provoquent les violences déraisonnables de la masse des exploités.

La misère est un élément de notre plan social, actuellement très imparfait. Mais il ne faut pas se borner à le constater. C'est une plaie à guérir et il faut mettre tout en œuvre pour l'atténuer. Car il n'est pas admissible qu'il y ait deux catégories d'individus, les uns regorgeant de tout, les autres manquant de tout. Mille raisons enfantent la misère. Elles viennent de notre inconscience de la vie intégrale, de notre égoïsme et de notre ignorance de la solidarité de nature universelle.

La Solidarité, la Mutualité seront le ressort des sociétés futures. Réalisons-les dans le domaine de l'Idée. Les applications sociales viendront ensuite d'elles-mêmes : nous en citerons d'encourageants exemples dans cet ouvrage.

Nous convions les chercheurs d'idéal, les pionniers du progrès, à s'unir de plus en plus autour de cet arc-en-ciel qui est notre emblème. C'est le meilleur emploi que l'on puisse faire des aspirations humanitaires et, si nous ne pouvons songer à transformer cette vallée de larmes en un Paradis, nous réussirons toutefois à faire de la vie une chose d'autant plus supportable que nous serons tous plus nombreux à nous comprendre, que nous serons plus certains de son but de progrès constant, à travers les épreuves successives, où notre moi se perfectionne peu à peu, prend graduellement conscience de ses destinées, en lisant dans le grand livre de la Nature une explication rationnelle de l'existence, qui n'est souvent une lutte brutale que par la méconnaissance de sa raison d'être et que l'on s'attache aveuglément aux intérêts immédiats et purement matériels.

— L'œuvre sera longue ?

— Certes. Raison de plus pour s'y mettre sans tarder, puisque nous reviendrons revivre dans le milieu que nous aurons préparé. Égoïstes et altruistes, tous y sont conviés.

6. — *France et Humanité.*
La France initiatrice du monde.
Paris, capitale intellectuelle de l'Univers.

C'est très à tort que l'on considère parfois le patriotisme et les sentiments humanitaires comme contradictoires. Le véritable amour de l'humanité, disons même l'internationalisme éclairé, ne sont nullement une négation de la patrie.

Et comment ne ferions-nous pas à la France une place toute spéciale dans notre cœur, puisque tant d'étrangers l'aiment à l'égal de leur pays?

C'est que la France est une nation généreuse par excellence. C'est elle qui donne le jour aux idées nouvelles, aux sentiments réconfortants qui rayonnent sur le monde. Ceux-là même qui la dénigrent viennent en foule la visiter et l'habiter.

Avant-garde de l'humanité, elle en est l'initiatrice. La France est l'âme de notre monde, et Paris, sa capitale, en est le cerveau. C'est elle qui fut l'émancipatrice en 1793. C'est vers elle que se tournent les regards inquiets de l'avenir et que se dirigent les aspirations de tous les opprimés.

Après avoir fait la Révolution dans le plan physique, au prix de violences malheureuses, mais, semble-t-il, inévitables, il lui reste à achever son œuvre en formulant la Révolution intellectuelle et morale qu'elle prépare lentement mais progressivement depuis 1793.

Son idéal, encore lointain, hélas! de liberté, d'égalité et de fraternité est actuellement incompris. C'est pourtant le but qui la guide obscurément vers la réalisation de son apostolat humanitaire. Sa réalisation fera que les frontières intellectuelles et morales seront anéanties par la compréhension de la fraternité des êtres, évoluant librement, égaux devant les lois de la nature. L'aube des âges futurs, qui paraît déjà à l'horizon de la pensée, se lèvera peu à peu pour le bonheur commun.

Ce sera la Révolution pacifique et généreuse par la Science, évolution de notre humanité vers une phase plus élevée de son éternelle progression vers le Vrai, le Beau, le Bien.

France, noble pays des grandes pensées, des généreux efforts, toi, l'inspiratrice du monde, songe au rôle merveilleux qui t'incombe, ressaisis-toi. Des forces nouvelles germent en ton sein. Ne les laisse pas flétrir au souffle empesté de l'arrivisme qui semble t'envahir et qui menace de te conduire à l'abîme.

France, tu es l'âme du monde, et, comme telle, tu ne peux périr. L'heure est venue pour toi de rendre à ce monde la lumière de l'esprit, la vie du cœur, le sentiment de l'initiation perdue et déformée par ceux-là même qui avaient mission de les transmettre de génération en génération. Initiés des religions partielles ou de la libre pensée, les uns et les autres ignorent la grande vérité intégrale. Inféodés à des formes superficielles d'un ésotérisme métaphysique, ils n'aperçoivent, volontairement ou non, que la forme, la superficie des choses.

L'ésotérisme, l'âme de ces choses, leur échappe, car on n'y pénètre que d'un cœur sincère et réfléchi et aucune époque ne fut plus conventionnelle que la nôtre. Sur beaucoup de visages, le masque des préjugés s'imprime de façon indélébile, à ce point que ces marionnettes, devenues incapable d'un sentiment vrai, vivent un mensonge perpétuel, dont le vide les ronge, un vide qu'ils ne peuvent combler: celui de l'âme. Doutant de tout et d'eux-mêmes, ils s'attachent à l'illusion de la matière, et, croyant trouver le bonheur, le seul qu'ils imaginent, dans les brillantes chimères de la fortune, ils se plongent dans le néant des passions, s'enlisent dans les satisfactions des sens, et se croient libres, alors qu'ils sont devenus les esclaves de toutes leurs impressions inférieures et fugitives.

Mais cette phase est transitoire. Elle fait, en un sens, honneur à l'esprit critique français, qui, ayant perdu l'idéal ancien, s'en tient au présent jusqu'à ce que la science ait édifié l'idéal en gestation, adapté aux exigences de son scepticisme. La France viendra à l'idéal nouveau, dans un élan irrésistible, après de grandes secousses sociales qui arrêteront sur ses lèvres le sourire ironique qui les plisse.

Notre pays est, plus que tout autre, capable de donner cette forme populaire qu'il faut à l'idéal nouveau. Par sa langue, par le profond pouvoir d'assimilation du Français, la France est privilégiée. Elle est une et multiple : chaque province présente un type particulier d'activité et toute la race se trouve néanmoins puissamment centralisée. Placé entre le Nord et le Midi, le Français échappe aux deux caractères extrêmes. Il est, parmi les autres peuples, le type qui les réalise tous et capable par cela même, de traduire pour tous le grand mouvement de la pensée.

Ce grand mouvement est tout proche, mais avant qu'il se fasse, il est indispensable que des crises sociales aient lieu dans toute l'Europe. Ce sont ces révolutions, ces luttes de peuples qui réveillent les facultés supérieures des hommes et qui feront naître les grands sentiments de fraternité et de charité. Les malheurs des nations les feront évoluer vers une vraie conception de l'Absolu, jusqu'ici très mal interprété.

Le rôle de la France sera merveilleux, car elle étendra son pouvoir moral sur toutes les nations. Du nord au midi, de l'est à l'ouest, elle combattra pour la justice.

C'est elle qui transportera l'idée religieuse et scientifique exacte dans la vie sociale. Elle agira par la transformation des conditions de la vie des êtres, par la conquête du vrai progrès qui doit être de respecter toute vie, d'élever toute intelligence.

Si le rôle de la France paraît encore vague, c'est qu'elle s'y prépare inconsciemment et que les progrès qu'elle a réalisés ont été justement de s'affranchir des jougs dogmatiques. Le pas fait en avant est énorme.

L'humanité est arrivée à ce point où toutes les vérités trouvées par les hommes arrivent à converger pour former un même foyer et pour illuminer toute la terre. Chaque nation sera appelée à se partager ce grand travail, chaque peuple apportera sa pierre pour l'édification du temple universel. Chaque peuple du passé, chaque peuple du présent y sera représenté dans ce qu'il a de plus beau.

La synthèse nouvelle que l'humanité réclame doit être simple comme tout ce qui est beau, puissante comme tout ce qui est vrai, grandiose comme tout ce qui est juste. Elle doit suffire aux aspirations de l'esprit le plus vaste et être comprise du plus humble. Elle doit répondre à la vie morale, à la vie sociale et surtout à la science. Elle doit pénétrer dans tous les rangs de la société, correspondre à toutes les branches du savoir humain et donner à toutes les aspirations des hommes, une base commune.

7. — L'OEuvre à faire.

L'esprit humain est avide de connaître. La curiosité symbolique d'Ève n'est jamais satisfaite. Si l'on fixe des bornes à l'entendement, ce sera l'au-delà de ces limites qui fera l'objet de ses méditations et de ses recherches. Son domaine s'étend chaque jour davantage, à tel point qu'il faut envisager l'histoire de l'intelligence humaine dans ses diverses élaborations pour mieux connaître notre nature intime. Il devient nécessaire d'étudier l'ensemble de l'Univers pour en déduire les lois fondamentales.

A cet égard chaque époque hérite du labeur colossal des siècles qui la précèdent. Chaque âge fait la synthèse de son passé en préparant l'analyse de son avenir. Le progrès aidant, la nature nous apparaît avec plus de précision dans sa généralité et avec plus de complexité dans ses détails.

Son aspect global est, à la fois, une conclusion pour le passé de la science humaine et un point de départ pour l'avenir.

C'est ainsi que le domaine des sciences psychiques, nouveau pour notre civilisation, nous permettra d'envisager la vie intellectuelle, morale et sociale sous un jour plus exact, à la fois plus simple dans ses principes et plus riche et plus complexe dans les conséquences de ces principes. Il semble qu'il soit réservé aux sciences psychiques, prolongement des sciences précédentes, de jeter une lumière intense sur l'ensemble des connaissances humaines.

L'homme, plus développé, atteint un degré supérieur des la connaissance qui lui révèle la vie intérieure des choses. Cette perspective nouvelle et plus étendue nous dévoile manifestement la raison de la vie universelle et, en particulier, de la vie humaine. Grâce à elle, les travaux de nos ancêtres nous apparaissent mieux comme les assises successives d'un immense édifice, contenant tous les trésors de l'intelligence et que le domaine psychique éclaire comme une aurore grandiose qui vient illuminer subitement et puissamment tout l'horizon.

L'héritage intellectuel de nos aïeux est un composé des matériaux les plus divers. Chaque opinion y est ingénieusement présentée et étayée par des arguments judicieusement combinés. Chaque doctrine, prise en particulier, a raison au point de vue spécial où elle se place. Mais les contradictions qui subsistent engendrent le doute et autorisent le scepticisme.

Que faire en cette occurrence ? Faisons un pas de plus, et voyons s'il ne serait pas juste de considérer les théories, en apparence contradictoires, comme les éléments différents de la vraie vérité. Ne serait-ce pas l'instant de synthétiser les multiples et fécondes analyses de nos ancêtres, à la lumière des sciences psychiques ?

On en dégagerait une quintessence toute puissante, propre à déterminer une orientation générale vers le Vrai, le Bien et le Beau, en tant que notre degré d'évolution nous permettra de les réaliser, dans la mesure du mieux relatif dont il est capable.

Les contradictions entre les sciences humaines sont plus apparentes que réelles. Les sciences, les philosophies, les arts et les religions sont des faces partielles et des phases particulières de la grande vérité, qui est une, et qui contient tout. Chacune de ces manifestations de la pensée humaine est due à un effort vers la vérité intégrale. A nous d'en dégager les principes, de découvrir la trame qui les unit et qui les guide vers des notions toujours plus précises, plus vastes et plus profondes.

La grande division qui règne entre les écoles matérialistes et spiritualistes est basée sur des conceptions purement métaphysiques. Elle doit disparaître devant les résultats de l'observation positive de la nature.

Il convient de chercher en quoi chaque école a raison, de détruire cet antagonisme séculaire, nécessaire dans le passé pour l'évolution des idées, mais appelé à être compris sous son véritable jour créateur : il n'y a là, au fond, qu'une querelle de mots.

En effet, il n'y a pas de différence de nature, d'essence, entre la matière et l'esprit, mais une différence de degré dans l'évolution éternelle. Cette loi d'unité est la base. On la trouve exprimée chez les matérialistes sous le nom de loi de substance du monisme d'Haeckel, et le délicat poète spiritualiste exprime la même idée en disant :

Le Monde en s'éclairant s'élève à l'Unité.

L'individualisme cédera peu à peu la place à un altruisme de plus en plus sincère et mieux compris grâce à la connaissance de nos destinées. La mutualité, fruit de la science économique, transformera d'autre part les conditions du travail commercial et industriel. L'évolution de l'égoïsme aura pour terme l'éclosion de la vraie fraternité. De restrictif il sera devenu expansif.

Cette évolution peut être considérée comme étant com-

posée de trois phases, nettement tranchées, bien souvent
confondues et s'interpénétrant dans la vie sociale. A un
point de vue général, on peut admettre que les aspirations
supérieures de la nature humaine se réaliseront, d'abord
dans le plan intellectuel, puis dans le plan cordial, et,
enfin, dans l'application pratique, dernier terme et conclusion de l'idéal actuellement entrevu.

C'est ainsi que s'édifiera peu à peu la cité future. Tous
les êtres y tendent et elle doit faire l'objet de tous nos désirs;
elle doit être le but de tous nos efforts, car elle sera le
bonheur et la plus vivante réalisation de nos espoirs.

Utilisons le passé pour améliorer le présent et élaborer
l'avenir. Rendons hommage à nos devanciers. Tous ont
peiné. Chacun d'eux a tracé le sillon où il rêva de voir
germer sa moisson d'idéal. C'est ainsi que furent con-
struits les différents systèmes édifiés par l'esprit humain.

Maintenant que toutes les combinaisons théoriques possibles semblent avoir été successivement mises au jour,
il convient de coordonner toutes ces notions, et, par ce
moyen, de rapprocher les intelligences et les cœurs en les
guidant vers un même idéal intellectuel, moral et pratique
de Fraternité et de Progrès, de Pacification par la Science
universelle dont l'Universalisme synthétisera les principes.

8. — *La Renaissance moderne.*

L'essor splendide des arts et des sciences, qualifié au
moyen âge de Renaissance, fut l'aboutissement d'un mouvement progressif, surtout artistique, renouvelé par l'étude
de l'antiquité, et parvenu à un degré de perfection qui,
depuis, n'a guère été dépassé dans le domaine esthétique.

Par contre, le progrès a continué son évolution en science,
en philosophie et même en religion par la diminution progressive de l'influence de la lettre qui ne répond plus aux

progrès de la science grandissante, et par l'essor de ceux qui s'éveillent aux souffles de l'esprit.

Nous pensons que l'époque actuelle sera l'aboutissant d'un mouvement analogue, d'une époque originale qui donnera une synthèse scientifique, base positive et solide d'un nouvel essor de l'art vers des conceptions plus hautes et des horizons qu'il n'avait pas soupçonnés jusqu'ici.

Le développement progressif des sociétés, très appréciable pour l'observateur impartial au milieu des contradictions apparentes et des hésitations superficielles, marque l'avènement d'un stade nouveau dans l'histoire de notre humanité, période curieuse entre toutes, bénéficiant des progrès réalisés depuis le moyen âge, Renaissance et Réforme tout à la fois.

L'Universalisme sera le foyer centralisateur de ce mouvement. Son emblème, l'arc-en-ciel, symbolise tous nos espoirs. Il nous fait entrevoir dès maintenant une humanité évoluée, consciente de son homogénéité et de ses destinées de progrès perpétuel vers le Bonheur et la Vérité, à travers les étapes douloureuses dont l'aiguillon implacable force la marche en avant vers le mieux.

La douleur, fruit de notre ignorance et instrument de notre progrès, s'affinera, s'atténuera, à mesure que nous progresserons vers le sentiment acquis, l'idée profonde de notre perpétuelle évolution. L'âge d'or est dans l'avenir et non dans le passé.

9. — L'Idéal social. — La Religion humanitaire. Le Génie français.

> L'Idéal progressif pour dogme.
> Les Arts pour culte.
> La Nature pour Église.

La plus parfaite union qui puisse exister parmi les hommes, c'est l'union de pensée. Elle n'est fournie que par un idéal social allié aux progrès de la science et de l'étude de la Nature. L'harmonie des cœurs et des intelligences se réalise dans une idée commune.

L'homme a besoin de cette communion pour être dans un parfait état d'apaisement moral pour soutenir sa conviction propre.

Ce qui a manqué aux cultes, dont la lettre d'ailleurs agonise, c'est ce lien commun qui fait circuler, au même moment, le même sentiment ou la même inspiration. Le prêtre et les assistants sont étrangers l'un à l'autre. Sous l'apparence de la forme observée, le culte réel est froid et mort. Les rares élans de foi individuelle se trouvent noyés dans le flot confus de la foule, et la religion cesse d'être ce qu'elle doit être : l'expression des sentiments d'un peuple.

La différence des intelligences, des éducations, des spécialités, des conditions sociales impose entre les individus des barrières infranchissables dans l'ordre social, mais qui peuvent être abaissées par la communauté de la foi réfléchie, par le même idéal rationnel.

La société ne peut vivre sans idéal, car il manque alors au corps social ce qui donne à ses parties une vie commune.

Il faut à chaque peuple, quelle que soit sa civilisation, et en raison même de sa civilisation, une religion, une philosophie qui soit la langue commune de tous les individus.

Or cet idéal n'est guère compris par les religions formulées, qui, toutes ont dévié par la suite des âges. Aucune d'elles n'est vraiment populaire.

Et la religion n'est et ne peut être que si elle vient apporter à la masse la réalisation de ses expériences, la personnification du Beau, du Simple et de la sublime grandeur de la Vérité.

Il n'est pas difficile d'établir une religion savante et compliquée, permettant à l'esprit subtil de s'égarer dans des détours multiples : l'imagination y suffit. Mais il est infiniment plus complexe d'établir la forme simplement divine

qui va droit au cœur, touche, élève, grandit l'homme et lui
ouvre par l'amour, par la bonté, par la contemplation de
l'Univers, un champ infini d'idéal réel.

La religion ne doit plus diviser, mais relier. Elle ne doit
plus, comme jadis, être divisée en deux religions distinctes,
l'une matérielle et grossière, qui ne donne au peuple qu'une
image vulgaire et déformée du divin et de ridicules supers-
titions, l'autre, savante, complexe et cachée, apanage d'un
nombre restreint de rares élus.

La Religion Nouvelle que l'Humanité réclame, simple
comme tout ce qui est grand et beau, puissante comme
tout ce qui est vrai, grandiose comme tout ce qui est
juste, doit suffire aux aspirations de l'esprit le plus vaste
et être comprise du plus humble.

Au grand mouvement des masses, qui va s'étendant par
toute la terre, à la conquête de l'égalité sociale, il faut que
le mouvement religieux réponde et apporte la sanction supérieure qui manque aux actions humaines quand elles ne
sont pas animées du souffle de l'Idéal.

La masse, devenue indifférente à tous les cultes, n'a pas
besoin de la restauration d'un culte ni de la transformation
d'une forme religieuse. Ceci n'est possible que dans un
milieu restreint, pour apaiser les doutes de quelques âmes
croyantes, leur donner la quiétude qu'elles recherchent. Ce
moyen est insuffisant pour enrayer et pour éteindre les
discussions philosophiques et religieuses.

Il faut franchement abandonner tout dogme particulier
au profit de l'essence même de la grande doctrine commune : la Religion sociale, humanitaire et universelle et ne
chercher dans les formes anciennes que les points géné-
raux qui en font des transcriptions d'une même page, universellement écrite pour tous les hommes.

*La religion sociale doit répondre, non seulement à la vie
sociale et à la vie morale, mais surtout à la science.*
Elle doit pénétrer dans tous les rangs de la société, correspondre à tous les savoirs humains et donner à toutes les

branches de ce savoir, à toutes les aspirations des hommes, à tous leurs travaux, une *base commune*.

C'est un besoin impérieux de rajeunir l'idée religieuse qui crée toutes ces Églises dissidentes, qui, peu à peu, s'émancipent, se détachent des anciennes et cherchent à ranimer l'élan religieux dans les cœurs : timides efforts, impuissants, surtout en France, où le catholicisme n'a pas donné cette liberté d'interprétation que possèdent les peuples protestants.

Le peuple français ne peut chercher, comme les peuples réformés, un idéal religieux dans une modification de la Bible. La rigidité du dogme ne semble pas lui permettre cette évolution lente et partielle.

Puis, par son génie particulier, mobile, impressionnable, épris de nouveauté, le Français ne cherchera pas son idéal dans un livre, mais dans une idée.

Nous pensons que la Synthèse, réalisée par l'Universalisme, sera l'idée cherchée d'instinct, confusément espérée et attendue.

Il n'est pas dans la nature du Français de se complaire à retourner en tous sens les pieux versets, à étudier les prophéties, à suivre pas à pas les idées cachées dans l'antique livre qu'il lit à peine et dont il ne connaît que des fragments.

Le Français cherche par instinct la vive lumière, ce qui lui vient par la poésie et par la musique, par tout ce qui éveille en lui le sens du beau. Qu'il s'écarte du chemin et qu'il se fasse gloire de ses vices, rien n'est perdu. Qu'un souffle puissant passe sur lui, un noble élan le poussera à réaliser de grandes choses.

La France viendra à l'idéal social dans un irrésistible élan, avons-nous dit. Mais il faudra auparavant de grandes secousses qui arrêteront sur les lèvres le sourire ironique qui les plisse. La France sera douloureusement éprouvée, car plus que toute autre nation, elle est capable de donner cette forme populaire qu'il faut à l'idée religieuse nouvelle, et le sublime ne germe que dans la douleur.

Elle est le type qui résume et qui réalise les autres peuples, ce qui lui permettra de traduire pour tous le grand mouvement de la pensée. Elle étendra son pouvoir moral sur le monde.

L'humanité est arrivée, pour ses races civilisées, à ce point où toutes les vérités trouvées par les hommes arrivent à converger pour former un même foyer et pour illuminer toute la terre.

Cette religion sociale naîtra de la masse, emportée par une grande idée. Chaque peuple du passé, chaque peuple du présent y sera représenté dans ce qu'il a de plus pur et de plus beau. Chaque bible viendra se fondre dans la grande Bible Universelle, issue du creuset de la Science intégrale.

Chaque religion viendra apporter son rayon au nouveau soleil. Ce qui a divisé les hommes s'anéantira, car ils auront compris qu'il n'y a ni rites, ni livres, que la lettre s'efface devant l'esprit et que l'esprit qui souffle sur le monde, c'est l'amour dans sa double auréole de bonté et d'intelligence.

10. — *Invocation à la Nature.*

Voyageur isolé, perdu au milieu d'une nature exubérante, enivré des senteurs balsamiques qui se répandent autour de toi, arrête ta marche, appuie-toi contre l'ormeau de la route. Le silence t'environne. Les premières étoiles viennent de s'allumer à la rampe céleste. Une demi-obscurité s'élève de toutes parts, avec, comme cadre, un silence mystérieux à titre d'orchestre et de mise en scène.

Le chant du rossignol vient charmer ton oreille et te plonger dans une rêverie profonde, dont le fond de tendresse est immense. Vois, regarde bien, et écoute avec foi. Ton cœur tressaille, ton âme s'exalte, ton cerveau médite

tout ce charme qui t'enveloppe. Le front haut, tes lèvres
s'entr'ouvrent, une émotion profonde étreint ton cœur. Ses
battements trouvent un écho dans ton âme. Tu te sens pénétré d'un poids immense et bienfaisant : c'est la voûte
céleste, c'est le monde entier, c'est l'Univers.

Ploie le genou, toi, le fils de la Nature. Ploie-le avec
émotion, tends les mains vers l'Orient, regarde cet arc
d'argent qui vient augmenter la poésie troublante de ce
qui t'environne. C'est la Séléné qui va éclairer ta route,
en t'accompagnant jusqu'à ta demeure.

O homme ! toi si petit, si fragile, si délicat, toi si faible
à tous égards, prosterne-toi bien bas devant les impressions majestueuses que la Nature, en son incommensurable
bonté, te donne en partage.

Vois ce champ immense qui s'offre à tes efforts de progrès. Médite et travaille pour la paix, pour le bonheur.
Abaisse maintenant tes regards vers la terre. L'horizon
s'éclaire de lumières que tu connais et dont le nombre augmente avec les progrès de la nuit, maintenant venue. Cette
terre est ton bien. Elle est le bien commun de tous tes
semblables et elle doit nourrir tous ses enfants, qui viennent tous au monde dans le même état de nudité.

Au fond de ton cœur, tu sens bien que tous les hommes
sont tes frères, mais tu sais que la Fraternité n'est pas
encore réalisée en eux. Son règne futur est certain pourtant, et cet espoir suffit à exciter ton courage.

Tu sais que tu es destiné à devenir le roi de ta planète,
à te rendre maître des éléments, à diriger les saisons, à
prévoir les cataclysmes. Ta science, déjà si belle, est encore
dans l'enfance. Trop souvent tu fais revivre l'éternelle
légende de l'imprudent qui scie la branche sur laquelle il
est juché, en dépit des avertissements nombreux qui lui
sont donnés. Tant de zones fertiles ou fertilisables s'offrent
à notre activité, loin des frissons du sol. Ne défriche plus
inconsciemment les forêts, mais plutôt cultive ton esprit
et ton cœur.

La grande rumeur humaine, dont tu entends la voix douloureuse en approchant des hommes, te dit ses secrètes souffrances, mais aussi tous ses espoirs.

Certes, tu fus longtemps bien à plaindre, dans ton long pèlerinage à travers les siècles. Le sombre moyen âge hante ton souvenir terrifié. Le règne de la force, au bénéfice d'un petit nombre de privilégiés, condamnait à l'enfer la masse des vaincus. Pour comble, la théologie superficielle et brutale d'alors semblait justifier la situation. Aux uns : la liberté, les festins, la vie large et pleine ; aux autres : l'esclavage, la misère et le labeur sans fin, avec la peur et la perspective des brasiers éternels. Partout alors l'arbitraire supprime le droit ; la grâce règne au ciel et la faveur ici-bas, mais nulle part la Justice.

A certains jours, un moine parle dans le moutier. Le seigneur ou sa « haute et puissante dame » est dans son banc armorié. Les serfs sont là, pêle-mêle, sur la terre battue. Le ministre du Christ, du grand Humanitaire méconnu, va sans doute s'adresser au seigneur pour lui dire : « Aimez ces petits, car ils sont vos frères. Ne lassez pas leur patience, respectez leur vie, ménagez leurs forces. Gardez-vous surtout de porter dans leur foyer si pauvre, si nu, le désespoir avec le déshonneur. Souvenez-vous qu'il y a là-haut un Seigneur plus puissant que vous, qui voit vos œuvres et s'apprête à les juger. »

Hélas ! il est rare que le moine ose se permettre de pareils accents. Il préfère se tourner vers les petits pour leur ordonner, sous les peines de l'enfer, de payer exactement la dîme, d'honorer le seigneur qui foule la moisson, et de ne pas toucher au gibier qui la ravage. Il fait partie des privilégiés et profite, avec le seigneur, de la pieuse résignation des réprouvés.

La mutualité n'était pour ceux-ci qu'une confraternité de misère.

CHAPITRE II

Mutualité et coopération. L'avenir de la Mutualité.

1. — L'Avenir de la Mutualité.

à Léopold Mabilleau,

La Mutualité féconde est à l'arrivisme brutal ce que le soleil bienfaisant est à la cruauté glaciale du froid. Créatrice et prévoyante, elle constitue en quelque sorte l'Évangile moderne.

Bien que des différences matérielles, encore trop considérables, séparent les riches et les pauvres, elles sont moindres qu'autrefois. La fortune était constituée spécialement en biens immobiliers, transmis d'une façon immuable dans les mêmes familles, qui formaient une caste de privilégiés. Les déshérités restaient indéfiniment serviles, constituant une race douloureuse, à jamais bannie du bien-être dont ils étaient les artisans.

Peu à peu le vieil édifice s'est lézardé, puis écroulé sous l'effet des colères accumulées par une oppression séculaire. La fortune s'est modifiée. Les biens immobiliers ont fait place à une extension de plus en plus considérable de la fortune mobilière, qui constitue également une bonne part de la richesse générale.

En même temps que l'homme conquiert des libertés civiles et civiques, il s'organise en vue des entreprises économiques. L'extension économique, de plus en plus considérable, a pris en particulier les différentes formes d'association : les Sociétés en commandite par actions et les sociétés anonymes, dont les capitaux considérables permettent la mise en œuvre d'exploitations industrielles et commerciales très vastes.

Peu à peu, la mutualité a fait connaître les bénéfices les plus appréciés de l'union et de la solidarité en face des difficultés de la vie. Des sociétés de secours mutuels et de retraite prennent un essor rapide, dont les débuts permettent de fonder les plus grandes espérances sur les résultats à venir.

Stuart Mill a dit : « L'association, sous toutes ses formes, dominera le vingtième siècle, finira par régénérer les masses populaires, et, par elles, la société elle-même. »

La situation acquise actuellement fait bien augurer de la justesse de cette prévision. Si la Mutualité n'est pas la panacée recherchée par les sociologues, elle en est tout au moins une miette de la plus précieuse essence. Et si l'extinction du paupérisme est encore assez lointaine, l'humanité ne pourra néammoins que s'honorer hautement des succès encourageants obtenus dès maintenant.

Le progrès améliore les conditions de la vie qui semble se compliquer en se perfectionnant. S'il donne plus de bien être, il augmente les besoins, et il aiguise les ardeurs de la lutte. La Mutualité permettra d'en adoucir l'âpreté en facilitant la prévoyance, en dégageant l'avenir des travailleurs du poids de l'incertitude du lendemain, de l'isolement, de la crainte de chômages inattendus provoqués par la maladie ou par un congédiement, toujours possible.

Elle lui donne en outre le repos de la vieillesse et continue ses bienfaits à ceux des siens qui ont eu la sage précaution de se placer sous son égide.

Nous avons un bel exemple de ce que la Mutualité péut réaliser dans le plan social par l'essor rapide et considérable pris par la Fédération Nationale des Employés et des Commerçants détaillants de France. qui a groupé, en deux ans, plus de six cent mille membres. Elle réalise l'union fructueuse du capital et du travail, selon le plan des doctrines humanitaires de Fourier.

Elle supprime les inconvénients de la grève, place ses adhérents, les soutient pendant les périodes de chômage involontaire, leur donne gratuitement un enseignement commercial complet, agrémenté de cours de musique et de chant. Ajoutez-y les soins des médecins, de spécialistes, à domicile, les séjours à la mer et dans des sanatoriums, enfin une retraite. Ajoutez-y surtout le bienfait immense d'un appui moral pour les isolés, et en particulier pour les isolées auxquelles la Fédération évite bien des épreuves et des difficultés, et vous admirerez ce résultat d'un altruisme pratique, dû en grande partie aux deux présidents et au zèle éclairé de tous leurs collègues.

Ses membres collaborent activement à élaborer l'avenir, ce travail constamment sur le chantier. Les rapides succès qui ont couronné les efforts des organisateurs prouvent ce que peut réaliser une solidarité bien entendue dans le plan vital par excellence : dans l'ordre économique. L'œuvre de la Fédération s'étend sur toute la France et excite l'intérêt le plus vif à l'étranger. Elle représente la nation laborieuse et sera bientôt toute la nation, puissamment organisée, la République des travailleurs, libre et forte.

2. — La Lettre de change sociale.

Il faut grouper et non disperser ou opposer.

La bonne politique consiste à ne pas faire de politique, mais à faire de la vraie fraternité, de la véritable humanité.

Cette politique-là est au-dessus des partis qui, par leur division et leur diversité, s'interdisent d'occuper un point suffisamment élevé pour juger sainement les questions sociales.

L'égoïsme est encore trop fortement ancré dans le cœur humain, pour qu'un parti de ce genre soit nombreux. Notre époque qui se croît si avancée, n'en est encore, en effet, qu'au début de la civilisation.

Dans cette étrange fièvre de l'arrivisme, la vanité l'emporte encore sur l'intérêt. Que peut-il surgir de solide, de sain, pour le bien-être social compromis dans des luttes si mesquines? Que fait-on pour le progrès commun, si ce n'est par hasard?

Le malaise général ne saurait pourtant durer. Les ardeurs de la lutte font frémir beaucoup trop d'entrailles vides pour que les problèmes sociaux ne viennent pas prochainement en discussion entre les classes sous la forme d'une lettre de change brutalement jetée à la face des détenteurs.

Cette lettre de change sociale, inventée à l'origine des trafics, fut conçue dans une idée de progrès, en vue de faciliter les échanges et les contacts entre l'offre et la demande sur tous les points du globe, où des affaires, nécessitées par les besoins de la vie, étaient en activité.

Il s'agissait de transmettre, et, en quelque sorte, de faire circuler le crédit d'homme à homme, de cité à cité. Or, depuis que le monde s'est partagé entre deux catégories d'individus, diamétralement opposées, l'une composée d'une minorité d'êtres habiles ou favorisés par des circonstances de milieu, de temps ou d'occasion et surtout dépourvus, en grande partie, de la fibre morale de la responsabilité engagée, du scrupule rigoureux qui n'a pas de nationalité, puisqu'il gît dans toutes les consciences, et accaparant, dans quelque forme que ce soit, les produits naturels ou transformés, prélevés sur la surface de la Terre, et, en face de cette catégorie, l'autre, la plus importante, la plus nombreuse, la masse en un mot, celle qui, à travers les siècles, a toujours été la cohorte multiple de la contribution générale. Telle est la triste physionomie que présente, avec une accentuation de plus en plus marquée, la société actuelle.

Or la minorité très infime des détenteurs de la fortune publique, qu'il s'agisse de biens ou de propriétés bâties, mises en culture, de fermages, de valeurs capitalisées ou représentatives, s'est sentie en état d'infériorité morale vis-à-vis de la majorité souffrante, besognante et qui n'est jamais admise aux bénéfices.

Cette quasi-reconnaissance de la possession indue, détenue sans phrase par cette minorité, lui avait, à certaines heures de concession et de contrition, fait admettre que la partie était réellement inégale, en tant que partage, droits et devoirs.

Cette minorité avait reconnu, depuis un certain temps, sans toutefois l'exprimer catégoriquement et à haute voix, avait reconnu qu'il y avait quelque chose à faire pour ramener l'équilibre général dans la société et, par ce fait, avait en quelque sorte légitimé facilement les espérances, que fondait la masse, enfin admise à participer de compte à demi dans des résultats obtenus pour la vie.

Cette présomption, ce sentiment tacite, c'était de la part de cette minorité, le chemin tout indiqué pour la création, de toutes pièces, de cette immense lettre de change par laquelle la masse pouvait espérer obtenir le paiement à présentation.

Qu'est-il résulté des nombreuses tentatives latérales jusqu'à ce jour de présentation de ce billet à ordre, établi par la majorité, lorsqu'il s'est agi pour la minorité de faire honneur à l'engagement, à présentation de cet effet de transaction ?

Rien, rien, absolument rien !

Or, la physiologie et l'anatomie établissent que les êtres humains sont constitués d'après la même loi et que les exigences de la vie sont identiquement les mêmes pour tous.

Comment peut-il se faire que la monstruosité qui ressort de la comparaison de l'état actuel de la société ait pu être poursuivie jusqu'à ce jour sans amener un choc capable de déterminer la plus grande des hécatombes?

La minorité s'est imaginée être à demi relevée de ses obligations en cédant, pour la forme, certains avantages jouant le rôle de fruit mûr, qui tombe à la cueillette, sans le moindre effort.

Les idées de fédération, d'union, d'association, ont été un premier acheminement sur la route des revendications. Ce sont les fruits mûrs cueillis, comme nous l'avons dit, et que la minorité a dû laisser cueillir malgré elle. Or, cela met actuellement face à face, en deux camps d'esprits surchauffés, les deux moitiés de société, non pas en nombre, mais en facteur.

Il est donc grand temps de faire appel aux consciences. Faudra-t-il une nouvelle édition pathétique de la nuit du 4 août, alors que, dans un élan de haute élévation de fraternité, les possesseurs de cette époque, tragique et héroïque à la fois, firent cause commune avec tous les déshérités qui venaient briser leurs fers au milieu des acclamations unanimes, et, offrant tout ce qu'ils possédaient, se mirent d'eux-mêmes au même niveau que leurs frères de misère?

Le rôle de la Terre est envisagé comme devant aboutir à une période d'harmonie. Nous en sommes donc encore très éloignés. Mais est-ce une raison pour ajourner encore et toujours la mise en équation catégorique et très nette du problème social? Nous ne le pensons pas et nous entrevoyons une ère prochaine où l'humanité aura coupé les amarres pour cingler vers un avenir moins problématique.

Puissent la paix et la charité universelles pénétrer les cœurs, car l'heure est proche où les comptes devront être réglés. Efforçons-nous donc, car cela est encore possible.

d'éviter la catastrophe de la banqueroute, banqueroute terrible qui pourrait amener la plus grande perturbation sur la surface du globe.

Pour y remédier, il faut prévoir, il faut grouper et non disperser ou opposer. Tous les intérêts en vue peuvent et doivent être centralisés et dirigés efficacement vers un but commun.

Il ne s'agit pas d'organiser des campagnes de haine et des batailles de caste à caste, mais de fusionner toutes les bonnes volontés, les plus ardentes comme les plus tièdes, et d'en faire un levier parfait pour soulever les difficultés de labeur et de travail, dont le résultat sera forcément riche en réalisations multiples et variées.

Les hommes ont tous les mêmes besoins immédiats, en un mot : réaliser tout ce qui est nécessaire à la vie matérielle d'abord, et cela avec le plus de confort hygiénique possible, en évitant avec soin les luxes inutiles et dangereux.

Partant de ce principe, pourquoi ne pas diriger tous les efforts vers ce résultat? A l'envisager sans exagération, nous n'ignorons pas que c'est le plus gros et le plus difficultueux problème qui puisse être donné à résoudre à l'Humanité, mais avec de la volonté, de la loyauté et de la bonté juste, rien ne saurait s'opposer à la marche ascendante dans les cœurs de cette grande idée.

Il faut que le globe habité nourrisse son homme et, pour cela, la nature y a pourvu amplement, et, en comblant notre planète de tant de richesses variées et surabondantes, certes, notre mère commune n'a pas voulu favoriser l'éclosion malsaine des spéculations de quelques hommes sans cœur et indignes de ce nom d'hommes.

Non, mille fois non !

Les cultures, les carrières, les mines, les rivières, fleuves et mers, de même que tout ce qui nous presse de toutes parts, contiennent des richesses inépuisables, créées et toujours renouvelées dans le but unique de continuer la vie sur la surface habitée.

Il y aura, sans doute, d'irréductibles êtres malfaisants pour lesquels tout est bon à exploiter malhonnêtement. Ces adversaires seront réduits par la masse, celle qui peine, celle qui souffre et qui meurt à la tâche, sans force pour maudire un soi-disant destin qui n'a rien à voir en la circonstance.

La théorie de cette communion d'efforts, cette association féconde du capital, du travail et du talent, est excellemment établie par le philosophe sociologue bien connu, Charles Fourier, sous le nom de Fouriérisme dont voici la devise :

« La série distribue les harmonies ».

« Les attractions sont proportionnelles aux destinées. »

3. — *Une Loi sociale.*

Le Journal a fait paraître trois articles du docteur J. Bertillon, relatifs au projet de loi, adopté sans débat, présenté par MM. Ribot, Siegfried, Cheysson et l'abbé Lemire, articles que nous allons avoir à commenter.

Cette généreuse tentative de bon socialisme mérite d'appeler l'attention des sociologues. Aussi, avons-nous tenu à en fixer le souvenir pour pouvoir mieux suivre, par la suite, les progrès de l'évolution sur ce terrain spécial.

Le premier de ces articles a paru le 9 janvier 1909 sous le titre : « Soyez tous propriétaires ».

On y rappelle l'intérêt que présente la loi de 1908 pour tous ceux qui n'ont pas de propriété en France. Cette loi est passée inaperçue, parce que l'excellence même de son but a rendu inutiles les discussions qui accueillent d'ordinaire les propositions nouvelles.

La loi de 1908 a pour but d'aider les travailleurs à acquérir « un coin de terre et un foyer », selon l'expression de l'abbé Lemire. A cet effet, l'État se fait banquier et fait une avance de cent millions. Il n'exige qu'un intérêt de 2 p. 100 et laisse un délai de vingt-cinq ans pour le remboursement. L'hectare de terre, ainsi alloué au travailleur, vaudra 1.200 francs au maximum et on devra le cultiver soi-même.

En outre, l'État a besoin de garanties morales pour le remboursement. Aussi ne prête-t-il qu'à des intermédiaires, à des sociétés régionales, qui sont à même de se renseigner et de prendre les risques à leur charge. Ce sont ces sociétés tampons qui doivent fournir à l'État un cautionnement de 200.000 francs pour garantir leur propre solvabilité.

On demande également des garanties matérielles à l'emprunteur : 1° il doit posséder le cinquième du prix d'achat, soit 240 francs ; 2° il doit donner hypothèque (en fait la société-tampon se fera subroger au privilège du vendeur) coût : 24 fr. 70 ; 3° enfin l'emprunteur doit s'assurer sur la vie, d'où un autre débours de 113 francs, payable par annuité. En tout 240 francs, plus 5 francs par mois pendant vingt-cinq ans (assurance comprise).

L'emprunt est fait par l'État à la Caisse des Dépôts et Consignations.

Il existe au Danemark et en Angleterre des lois analogues. Mais la surface de terrain alloué est plus considérable, ainsi que l'intérêt exigé, et le temps laissé pour rembourser est également plus long.

Voilà pour le « coin de terre ». Quant au « foyer », la loi sur les habitations à bon marché permettra de le construire dans des conditions analogues.

Un point reste à fixer : c'est la conservation du foyer familial, qui doit être mis à l'abri des partages successoraux, imitant en cela le Hoefenrecht qui s'est étendu à toute l'Allemagne, analogue au homestead anglais à un autre point de vue : vis-à-vis des créanciers. L'Espagne possédait déjà une loi semblable. L'Autriche a adopté le principe en 1889. La Belgique aussi et l'Italie s'en occupe laborieusement.

L'article du 17 janvier 1909 étudiait sous le titre de « Le Coin de terre et le Foyer » les conséquences de la loi de 1908. Elle permet au soldat libéré de revenir au pays, de ne pas tant subir l'attrait, souvent néfaste, des grandes villes. S'il n'a pas 100 ou 200 francs à la Caisse d'épargne — ce qui est peu s'il a de l'ordre — son patron les lui avancera volontiers. Ces facilités attachent l'individu à son sol natal.

Il y a d'ailleurs certains coins de France où le terrain s'acquiert de cette façon ou à peu près. En Bretagne, on loue une portion de lande à long terme pour un prix modique et les familles s'y créent nombreuses, car la lande est immense et ce système du « domaine congéable » supprime, dans une large mesure, l'inquiétude du lendemain pour l'intéressé et de l'avenir pour ses enfants, qui pourront toujours faire comme lui.

Près de Dunkerque, à Fort Mardyck, la population a passé de 300 habitants en 1821 à 650 en 1860 et à 1700 actuellement. Chaque famille reçoit l'usufruit d'une dot d'un quart d'hectare indivisible. Au décès, il fait retour à la commune. Celle-ci en fait l'attribution à une nouvelle famille.

Il n'y a pas de discussions pour les questions d'héritage et l'avenir de chacun est assuré. Le jour où l'on se marie, on reçoit ses 24 hectares de terre, à la condition de rester dans la commune et d'être inscrit maritime.

Il n'y a pas de pauvres ni à Fort Mardyck, ni à Fouesnan (Bretagne).

La loi de 1908 évitera l'accroissement du nombre des « déracinés » dont les grandes villes ne possèdent que trop d'exemplaires. Elle ramène l'homme à la terre et la lui fait aimer. Elle favorise la repopulation dans une proportion considérable et, comme elle supprime en quelque sorte la misère, ainsi qu'il arrive à Fouesnant et à Fort-Mardyck, elle possède un ensemble de qualités incontestables.

On ne saurait donc méconnaître son importance, à une

époque où la campagne est désertée, où les grandes villes
attirent une foule de gens qui s'y pressent comme les pha-
lènes autour d'une lumière et qui s'y brûlent comme eux.

Combien de misères n'a pas engendré ce mirage trom-
peur. Paris, plus que tous les autres centres, a causé
d'innombrables défaites. Il faudra bien, de toute façon
qu'après s'être écrasé dans les villes, on retourne à la
campagne. L'exode en ce sens est inévitable. La loi de 1908
la rendra plus facile et sans doute prochaine.

> *O fortunatos nimium sua si bona norint*
> *Agricolas. . . . .*

4. — *Le Rôle du travailleur.*

La longue épopée du travailleur à travers les âges est
bien le chapitre le plus émouvant, qui soit d'un intérêt
général toujours actuel. L'examen attentif du passé permet
également de prévoir pour l'avenir ce que l'homme peut
attendre de ces efforts.

C'est cette vision d'avenir qui lui donne l'espoir tenace
de la persévérance, en vue de l'œuvre commune qui s'édifie
lentement, mais sûrement.

Dans nos sociétés modernes, le travailleur est devenu
l'élément essentiel, le rouage indispensable de tout organisation, de toute production. Si le travail était réservé
jadis à des esclaves, on peut dire que, dans la société
moderne, les rôles sont renversés. C'est maintenant la fortune qui entretient un autre genre d'esclavage : celui de la
subordination du riche paresseux, incapable et inutile, à
celui qui tient l'outil, le scalpel ou la plume.

Ce sera la récompense, au moins morale, donnée dès
maintenant à la masse qui souffre, et qui pourra suivre,

dans notre exposé, les étapes si douloureuses qui furent, traversées par l'enfantement pénible dont sortent les sociétés actuelles, encore en gestation. (V. *l'Éducation de la Démocratie* en cours de publication dans la Revue de la Fédération Nationale des Employés et Commerçants détaillants.)

Nous prendrons comme point de départ de nos études d'histoire sociale, la situation du travailleur à l'époque romaine, de manière à faire une œuvre d'ensemble pour notre civilisation, comprenant le pré-moyen âge, le moyen âge, avec tout le chapitre des corporations, jurandes, maistrances, confréries, compagnonnages, etc... (V. *l'Éducation de la Démocratie*) puis, peu à peu, les droits conférés, arrachés pour ainsi dire successivement aux pouvoirs successifs, jusqu'à la fameuse Déclaration des Droits de l'Homme. Ensuite tout le dix-neuvième siècle, très riche en doctrines sociales, dont nous analyserons l'essentiel, pour aboutir à des temps nouveaux que la Mutualité permet d'entrevoir. Après la rude montée des siècles, quel encouragement pour le travailleur de voir luire l'aurore d'un avenir toujours perfectible, et de moins en moins douloureux.

Il pourra pressentir la réalisation de la fraternité humaine, dont nos sociétés modernes ont l'instinct encore confus. Il conviendra de transformer cet instinct en une conception rationnelle, de plus en plus apte à perfectionner les rouages sociaux et à préparer peu à peu ce bonheur, qui fait l'objet de toutes les espérances et de tous les efforts.

Ces métamorphoses, d'un genre spécial, ont été écrites sur le grand livre de la Nature avec le sang de nos aïeux. Nous verrons ce qu'ils ont souffert pour aboutir enfin, au vingtième siècle, à tenter de toutes parts les essais de mutualisme, dont les résultats sont déjà si dignes d'intérêt, presque d'enthousiasme.

Il est évident que, malgré les succès obtenus jusqu'ici par la mutualité, nous ne sommes encore qu'au début de l'ère nouvelle qu'elle ouvre à l'Humanité. La coopération, sous toutes ses formes, application de la belle devise : « Tous pour un, un pour tous » pénètre de plus en plus, dans les cerveaux d'abord, dans les cœurs ensuite.

Nous envisageons dès maintenant une époque où, grâce à la Fédération des prolétaires qui constituent la grande masse, la Fédération des peuples deviendra une chose possible d'abord, une réalité ensuite.

Et ce ne sera pas la moindre récompense des pionniers de l'heure présente que nous saluons avec une virile et profonde émotion.

CHAPITRE III

L'Universalisme ou Intégralisme. Monisme intégral ou Panmonisme.

1. — *L'Universalisme ou Monisme Intégral. – Le principe de la Synthèse Intégrale. — Axiomes.*

La Vérité, même relative, doit être unique et intégrale, conciliatrice de toutes les divergences. La tradition et la création, le passé et l'avenir doivent s'harmoniser en elle et vivre par elle.

Les contradictions entre les sciences humaines sont plus apparentes que réelles. Les sciences, les philosophies, les arts et les religions sont des faces partielles et des phases particulières de l'évolution progressive vers la compréhension de la loi intégrale d'harmonie qui est une et qui régit tout.

Chacune des manifestations de la pensée humaine est une aspiration, un effort de la Vérité. A nous d'en dégager les principes, de découvrir la trame qui les unit et qui guide vers des notions toujours plus précises, plus vastes et plus profondes.

Ainsi s'élabore la Synthèse Intégrale que réalisera l'Uni-

versalisme ou Monisme Intégral, Doctrine centrale, essen-
telle, philosophie absolue ou Intégralisme.

— La matière n'existe pas comme élément stable et irréductible. Il n'y a entre la matière et l'esprit qu'une différence
de degré dans l'évolution intégrale et non pas une différence de nature.

— La vraie science n'a pas le droit d'affirmer, ni de nier
sans retour, car tout change, évolue et progresse.

2. — *Quelques précurseurs et chercheurs d'Avenir.*

Une étude spéciale serait à faire pour recueillir les tendances universalistes qui sont particulièrement marquées
chez certains « précurseurs de l'Universalisme ».

Citons-en ici quelques-unes, prises un peu au hasard.
C'est, avant tout, Claude Bernard, qui disait qu'un jour
viendrait « où le savant, le prêtre et l'artiste parleraient la
même langue et se comprendraient tous ».

Penjon dit dans l'introduction d'un ouvrage classique
sur l'histoire de la philosophie :

« L'histoire de nos philosophes est en réalité la plus
intéressante et la plus utile à connaître. C'est celle des
plus grands génies de l'humanité et de ses bienfaiteurs.
S'ils ont professé sur les mêmes questions des opinions
différentes, ils étaient tous animés de la même passion :
l'amour désintéressé du vrai et s'ils n'ont pas trouvé toute
la vérité qu'ils cherchaient, ils ont découvert un grand
nombre de vérités partielles. Ils ont préparé et rendu possible la tâche de celui qui, tôt ou tard, réunira ces vérités
éparses pour en faire, sous un seul principe, un système
définitif. C'est à eux que nous devons déjà tous nos pro-

grès en logique, en morale, et les noms des plus illustres d'entre eux marquent, en quelque sorte, les étapes de civilisation dans le cours des siècles. »

On ne peut prévoir plus nettement l'Universalisme.

C'est la synthèse entrevue par Auguste Comte, d'une part, et par Lamartine, d'autre part, les deux écoles opposées convergeant vers la seule et unique vérité.

Le système éclectique de Cousin et de ses disciples devait précéder également la synthèse, la préparer et aboutir à l'Universalisme.

L'école hermétique peut, à certains égards et dans ses conceptions les plus élevées, figurer sur cette liste, mais, de l'aveu même de son chef, elle ne peut effectuer la synthèse au même titre que le Positivisme, le Psychisme et le Spiritualisme combinés : « Si l'on ne peut placer la philosophie occulte dans la section de l'idéalisme pur, à cause de ses tendances primordiales à déduire l'invisible du visible, on ne peut davantage la rattacher au réalisme ou au positivisme à cause de ses envolées purement mystiques (1). » L'Universalisme a l'avantage de présenter à la fois, tous ces caractères et l'essentiel de ces caractères.

Nous pourrions faire toute une histoire de la philosophie en relevant les tendances universalistes, qui sont restées, jusqu'ici, une simple espérance, et qu'il s'agit de formuler en corps de doctrine. Les études du présent travail nous y préparent, et ce sera surtout l'un de nos ouvrages, actuellement sur le chantier, qui en exposera l'ensemble.

Un de nos membres d'honneur, Édouard Schuré, prévoit également dans l'un de ses ouvrages : *Femmes Inspiratrices et Poètes annonciateurs*, la venue prochaine du nouvel évangile social qu'il espère voir s'édifier, sans cependant oser y croire encore. Voici en quels termes : « Si Paris a vraiment été en ses grands jours, comme le dit V. Hugo, la « ville lumière » il faut avouer que cette lumière a singulièrement

(1) V. *l'Occultisme et le Spiritualisme*. p. 8-9, Alcan.

4

pâli et que cet œil s'est bien troublé vers la fin du dix-neuvième siècle. Depuis une série d'années j'observais avec
terreur le désarroi de la politique, la vénalité de la presse,
l'envahissement graduel du naturalisme et de la pornogra-
phie en littérature, l'absence de foyers rayonnants dans
l'Université, comme dans le monde, le rétrécissement des
esprits et l'amollissement des caractères, enfin cet abaissement général du niveau intellectuel et moral qui finit par
stupéfier l'Europe dans les dernières années du siècle. Il
m'était impossible d'en attribuer la cause, avec les partis
réactionnaires, au triomphe de la Révolution française, qui,
malgré ses graves inconvénients, assure au monde entier
le règne de la liberté et de la justice. Je ne pouvais pas
davantage en voir la raison avec les révolutionnaires athées
et anarchistes dans ce qui reste encore de foi spiritualiste
dans l'âme humaine, attendu que cette foi a été celle des
plus grands héros et des plus libres esprits de tous les temps.
Encore bien moins pouvais-je admettre avec le comte de
Gobineau que l'Humanité en général et la France en particulier sont vouées à une irrémédiable décadence par le
mélange croissant des races. Car sa théorie supprime à la
fois la liberté humaine et le progrès par la sélection individuelle.

« Je cherchais donc sans la trouver la cause du mal.
L'atmosphère sociale me pesait jusqu'à l'écrasement. L'idéal
humain que je portais en moi, idéal inné et intuitif, était
aussi contraire à mon enthousiasme habituel qu'aux doctrines officielles du jour. Pour le conserver intact, je m'étais
fait contre le monde extérieur une cuirasse infrangible.
Mais lorsque j'osais descendre au fond de moi-même —
en toute sincérité — je dus reconnaître que l'obstacle à
la libre manifestation de cet idéal intime gisait en moi-
même, non moins que dans les autres. Oui, le mal qui
m'oppressait, le mal qui me rongeait le cœur, le poids qui
arrêtait l'essor de ma pensée et de mon vouloir, c'était le
mal même de mon siècle, le doute, le doute paralysant et

destructeur, le doute sur le but de la vie, sur l'au-delà,
sur la destinée humaine, sur l'avenir de l'humanité.

« Réfléchissant à tout cela, nous en vînmes à cette conclusion que, parmi tant de maux qui affaiblissent l'Humanité actuelle, il fallait compter l'absence d'une foi vivante
et d'une base philosophique pour l'éducation de la jeu-
nesse. Il n'y a pas de grand idéal humain possible sans une
loi transcendante jointe à un concept rationnel de l'Univers.
Toute l'histoire de la race aryenne le prouve. Or, aujour-
d'hui nous voyons l'Église gouverner avec un dogme des-
séché en rites et en prescriptions, fausse religion qui n'est
qu'un moyen d'opprimer les intelligences, religion qui ne
donne nullement la foi créatrice et qui n'est d'ailleurs, pour
les mondains. qu'un moyen de parvenir, en faisant com-
modément son salut. L'Université croit pouvoir combattre
l'Église avec la doctrine de Darwin et une morale d'où les
concepts vitaux, s'ils ne sont pas officiellement supprimés,
n'existent plus qu'à l'état abstrait. Elle enseigne des mon-
ceaux de faits, mais depuis qu'elle s'est fait de l'Univers
un concept matérialiste, elle n'éduque plus les âmes, elle
n'élève plus les intelligences. Aussi l'Église est-elle en
train de lui enlever l'éducation nationale. Car l'Église sait
donner un moule aux âmes, mais c'est au prix de l'initiative
individuelle et de la liberté, en les déformant, en les énervant
jusqu'à les émasculer. Je suis d'avis que la liberté, sans
aucune foi, vaut encore mille fois mieux qu'une foi morte,
imposée par la suppression du ressort vital. Je suis donc
avec l'Université et avec la pensée libre, mais je regrette
que jusqu'à ce jour ses armes soient insuffisantes pour
le grand combat qui lui incombe.

« Cette situation qui apparaissait plus poignante, d'année
en année, par l'étude et le contact de la société française,
devint notre souci le plus aigu. L'unique salut nous apparut
dans un Verbe nouveau de l'âme et de l'esprit, adapté à la
science contemporaine et à l'état présent de l'humanité, qui
se manifeste par la solidarité universelle. Sans espérance

immortelle, point d'action féconde ; sans foi nouvelle, point
de vrais héros. J'appelais cet Évangile de toutes mes forces
sans oser y croire. Margherita Albana Mignaty non seulement y croyait fermement, mais elle le sentait venir, elle
le devinait. Sous le volcan de son enthousiasme j'avais
trouvé le roc d'une foi indomptable. Ce Verbe nouveau que
j'appelais le Rêve, elle l'appelait l'Accomplissement. Ah !
certes, il ne nous appartenait pas de le découvrir dans
son infinie splendeur, mais ne pourrions-nous pas du moins
en lire une page, en épeler un verset et puis le faire vibrer
autour de nous ? »

Longtemps nous avons eu l'idée, ou plutôt le sentiment
d'une œuvre semblable, capable de répondre à la soif
d'inconnu qui altère notre humanité. Nous en avons cherché
la formule, comme instinctivement, dans toutes les doctrines, sans qu'aucune satisfasse ce besoin de vérité, une
et complète. Or la vérité que réclame la mentalité contemporaine doit être à la fois une et totale. C'est là précisément la conception universaliste, grâce à laquelle nous
espérons réaliser un temple nouveau à la pensée moderne,
où tous les chercheurs libres et les sincères amis du progrès trouveront le centre de ralliement pour cette œuvre
de conciliation, de création, de synthèse et d'harmonie :
l'Universalisme.

3. — *Parenté du Monisme et de l'Universalisme.*

L'Universalisme est au Monisme Intégral ce que le
Monisme est au Positivisme. Cette parenté philosophique
est particulièrement bien exprimée dans la préface d'un
ouvrage de M. le docteur Thooris sur la « Philosophie
du Monisme », préface écrite par Georges Lyon.

« L'expression de monisme, dit-il, désigne tout un système qui prétend tirer d'un principe unique, à la fois sub-

stance et cause, l'explication intégrale de l'Univers... Et ce monisme général peut lui-même, selon les préférences du penseur qui le professe, être comme polarisé vers l'un de ces deux termes extrêmes, dans lequel finalement se résorberait l'autre : le ciel conçu par l'esprit et le ciel conçu par les sens. Aussi le monisme substantialiste pourra-t-il être à base matérialiste (et ce fut le cas pour un Démocrite, pour les maîtres du Portique, et de nos jours pour un Haeckel) ou bien à base idéaliste, comme il arriva pour un Platon, pour un Plotin, pour un Hegel. »

Et plus loin : « Quelle est, en définitive, la relation fondamentale entre ces deux facteurs : la réalité objective et la réalité subjective ? Consiste-t-elle en un dualisme irréductible comme le soutenait le spiritualisme classique ? Implique-t-elle au contraire la réduction transcendante de l'un de ces termes à l'autre ? Cette question demeure ouverte, et sans doute éternellement ouverte. La discuter serait usurper sur un autre ordre de spéculation dont il est vraiment trop expéditif de dire qu'elle est vouée à une stérilité incurable et dont cependant l'Humanité réfléchie ne saurait se déprendre sans prononcer peut-être sa propre déchéance intellectuelle. Ce serait, disons-nous, usurper sur la métaphysique ».

L'Universalisme répond à ces questions. Pour obtenir une solution, en présence de ces données contradictoires, il n'y avait pas d'autre moyen que de chercher un terrain d'entente et de trouver une base commune et conciliatrice de leurs divergences.

L'Universalisme, considérant l'essentiel de chaque doctrine, et, en particulier, des deux écoles fondamentales, comme des faces partielles d'un ensemble unique de vérité accessible à la mentalité humaine, permet de donner satisfaction aux besoins de la pensée, qui cherche à saisir l'unité dans la variété et qui n'a de calme que lorsqu'elle a trouvé la formule qui lui exprime la synthèse avec toute la clarté de l'analyse.

4. — Du Positivisme à l'Universalisme. Le Positivisme comme base de l'Universalisme.

L'édification de la Synthèse, l'avènement du Positivisme fut une date décisive dans l'histoire de notre humanité. D'autres civilisations, aujourd'hui disparues, ont passé par la même phase d'évolution qui fut pour elles, comme elle le sera pour notre civilisation, le point de départ d'un progrès conscient et décisif. A ce titre, les siècles de notre cycle qui précèdent peuvent être considérés comme les précurseurs de la Synthèse universaliste. Et en remontant le cours des âges, le souvenir de progrès, encore insoupçonnés de l'Occident, rappelle des temps bien lointains, des vagues successives de civilisations, où se retrouve la trace des pionniers de l'humanité, des précurseurs de l'Universalisme. Toutes ces doctrines successives nous racontent l'histoire de l'esprit humain, élargissant constamment le champ de ses perfections et de ses aspirations vers la philosophie absolue ou essentielle.

Les doctrines anciennes, basées sur la loi d'unité, en quelque sorte par à priori, revivent à posteriori dans l'Universalisme. La loi d'unité est à la fois le point de départ et le but. L'analyse et l'observation ont, entre temps, détruit l'unité de la conception mondiale, mais les dogmatismes et les scepticismes ne se sont pas opposés en vain. La synthèse universaliste utilise les qualités de chacun d'eux et rétablit à nouveau une conception mondiale intégrale plus complète, en attendant que de nouvelles analyses préparent de nouvelles synthèses.

La pensée se meut à travers les affirmations, les doutes et les négations, dont l'examen synthétique permet d'établir une approximation de plus en plus grande de la réalité. Elle prend possession de tous les phénomènes qui lui sont

accessibles, pour dégager la chaîne sans fin de leurs combinaisons relatives et la direction de leur évolution collective.

Cette lente gradation pourrait faire l'objet d'une historique vivante du progrès de notre civilisation. Nous ne
pouvons l'envisager ici dans le détail, mais il est une doctrine à laquelle il convient que nous nous arrêtions spécialement, parce qu'elle prépare directement l'avènement de
l'Universalisme dont elle est l'avant-coureur : c'est le Positivisme.

L'Universalisme est le couronnement du Positivisme. Il
est la Synthèse définie, attendue et prévue par lui. La
filiation qui les unit est manifeste dans la préface de l'ouvrage de Littré : *Conservation, Révolution et Positivisme.*
Il y aura lieu, par la suite, à une étude étendue sur la relation entre le Positivisme et l'Universalisme qui en est l'épanouissement spirituel.

« Capitale est l'introduction du Positivisme au sein des
affaires du monde et au sein de la ruine croissante de
l'ancien ordre social », dit M. Littré dans l'ouvrage cité
(édition de 1852).

« Le sentiment socialiste inculque de plus en plus la
généreuse croyance qu'il n'est de véritable morale que
celle qui consacre les forces de tous au service de chacun.
La société ne s'appuyait plus que sur des étais ruineux
et ruinés. Le socialisme même, qui naissait, n'était que le
sentiment de cette situation.

« Le positivisme a ôté à la rénovation l'apparence révolutionnaire qui effraye tant de bons esprits, et il a fait
voir que c'était, non pas une série de bouleversements sans
raison et sans limite, mais un mouvement naturel, aboutissant nécessairement à un état final de stabilité régulière.
Il ne faut sacrifier ni le progrès à l'ordre, ce qui est le tort
des conservateurs, ni l'ordre au progrès, ce qui est le tort
des révolutionnaires. Il faut créer pour l'ordre social, qui
tend à naître, un système spirituel qui rallie les intelligences

et les cœurs, un système temporel qui, au lieu de la guerre, intronise l'industrie. »

— L'Universalisme est précisément la réalisation synthétique et méthodique de ces desiderata. M. Littré note l'insuffisance de toutes les théories sociales, qui, laissant en dehors la partie spirituelle (éducation, esthétique, morale, religion), prétendent régler les intérêts matériels indépendamment de ces intérêts supérieurs, comme s'il était possible de modifier l'effet sans modifier la cause et comme si la constitution matérielle de la société n'était pas sous la dépendance étroite de la constitution spirituelle.

« Au delà de cet état révolutionnaire est un état définitif, qui dépend de la reconstitution de nouvelles croyances et de nouvelles mœurs qui prouveront que nous ne sommes pas dans un éternel va-et-vient d'oscillations sans issue. »

— Ces oscillations marquent à chaque stade un progrès en avant. Cet état, entrevu par M. Littré, c'est l'ère de la Fraternité universelle que réalisera l'Universalisme.

« En effet, cette base intellectuelle et morale qui manque à la vieille société, puisque sa théologie s'en va, qui manque aux socialismes naissants, puisque là-dessus ils se déclarent incompétents, est pleinement établie par les notions positives. Elles redonnent à l'idée d'ordre une consécration solennelle en la fondant sur l'ensemble des lois naturelles qui gouvernent le monde, la vie et la société. C'est le seul moyen d'y réussir puisque les croyances surnaturelles, qui en ont été jusqu'ici les gardiennes, sont dans un discrédit croissant et irrémédiable. Elles assurent le progrès en mettant la raison humaine, l'imagination humaine, la sensibilité, l'activité humaines dans une voie où elles ne doivent plus se heurter contre les contradictions avec la réalité, contradictions inévitables quand régnait un surnaturel fictif. En d'autres termes : culture de nos meilleurs sentiments et de notre meilleure intelligence autour de notre idéal suprême : l'Humanité, voilà pour le spirituel;

paix et travail, sous des chefs industriels substitués aux
rois et aux césars, voilà pour le temporel. »

— L'idéal de l'Universalisme est également l'Humanité,
l'Humanité intégrale même, au sens le plus large. L'ère
industrielle sera aussi une source de difficultés et de conflits sociaux jusqu'à ce que soit résolue la fédération des
États-Unis d'Europe et de chaque continent en particulier,
présage de la fédération universelle des États du monde,
de notre petite planète.

« La société est soumise à des crises passagères qui
l'ébranlent profondément ; mais, à chaque fois, elle se ras-
soit et reprend sa marche, ayant rejeté loin d'elle quelques
débris de vieilles institutions qui l'incommodaient. »

— En définitive, il serait plus exact d'appeler ces crises
sociales successives, non pas des révolutions, puisque la
résultante en est indéfiniment progressive, mais des évolu-
tions.

« C'est dans ce milieu qu'il faut faire de l'ordre avec le
désordre, c'est-à-dire qu'on accepte la société telle qu'elle
est, sans prétendre la ramener à aucune des formes du
passé et qu'on cherche, en se mettant dans le courant, à le
diriger.

« Le parti conservateur ou rétrograde est donc indûment
appelé le parti de l'ordre, parce qu'il prétend faire régner
l'ordre des temps passés sur les tendances modernes,
croyant que les choses qui ont régi l'ancienne société peuvent encore régir la moderne. Cet ordre conservateur ne
repose que sur des illusions rétrogrades, acheminement à
des commotions dangereuses. C'est sur des réalités qu'il
faut s'appuyer. »

— Le savant positiviste examine ensuite les importantes
questions de la paix et du désarmement. L'armée doit se
borner au rôle de police protectrice. Nous verrons, par la
suite, quelle place importante et utile elle peut jouer comme
éducatrice nationale.

« Ce n'est pas la force qui a manqué aux peuples pour

s'affranchir, c'est le concert et l'intelligence de la situation. Le régime constitutionnel est pour le Positivisme une illusion dangereuse. Le bonapartisme a une affinité intime avec les éléments rétrogrades de la société. Il vit de guerre, alors que le développement de la révolution », dans le véritable sens d'évolution, « c'est la paix ».

« Seul le Positivisme réunit et coordonne les vues politiques des divers partis. Il les dérive du passé et les met en connexion avec l'avenir. Il faut donc lui faire une prédication active, en face des événements pressants.

« Dans l'anarchie mentale où nous sommes, dans l'absence de toute doctrine qui rallie les esprits » — ce à quoi aboutira l'Universalisme — « la règle des majorités républicaines est ce qui s'impose le plus. On peut s'abriter, pour aujourd'hui et temporairement, sous le suffrage universel, en attendant de pouvoir s'orienter.

« La transformation sociale qui s'opère, à l'aide de la révolution occidentale, est d'abord une transformation spirituelle. Il faut donner pleine liberté à l'essor spirituel, ne pas faire payer un clergé et une université qui donnent une éducation et une instruction fausses, obstacle direct à toute réorganisation de croyances et de mœurs. »

— La séparation des Églises et de l'État, prévue par Littré, n'était pas conforme aux idées de cette époque, et, en la réalisant, la France s'est depuis débarrassée d'un poids mort qui arrêtait sa marche d'avant-garde de l'Humanité. C'est avec la même prescience que le célèbre positiviste entrevoit l'évolution spirituelle de l'Humanité vers des conceptions et des réalisations moins lourdes, plus harmoniques.

« L'alliance intime que la papauté et, à sa suite, le clergé, ont contracté avec la réaction a renouvelé les antipathies négatives qui prévalurent sous la Restauration et qui furent si violentes au début de la grande Révolution. Mais ce n'est pas à opprimer le clergé que doit tendre le triomphe populaire, quoique le triomphe du clergé tende à opprimer le peuple. Ce ne sont pas de stériles représailles que les circonstances demandent. Le régime actuel est contradictoire, mélange de théologie et de métaphysique, négatif au progrès et à l'ordre. Il manque une direction vigoureuse, un pouvoir spirituel », — ajoutons : et surtout éclairé.

« L'École polytechnique, due à la Convention, est une base. »

— C'est plutôt un simple point de départ, car elle reste trop en dehors de la vie sociale. Les positivistes le reconnaissent d'ailleurs et ils la complètent, en disant : « Il faut ajouter à ses quatre sciences : mathématiques, astronomie, physique et chimie, la biologie et la sociologie.

« Le Positivisme est l'héritier de la Convention. Il trouve la biologie fondée. Il fonde la sociologie. » — L'Universalisme lui donnera le sens de vie et de réalisation vers l'idéal humanitaire.

« Le Positivisme donne à Paris la direction initiale. Le suffrage universel est un élément révolutionnaire, transitoire. Le restreindre dans un intérêt progressif, voilà ce qu'il faut tenter. Le danger réside ici dans l'incompétence des électeurs. »

— Ici apparaît toute l'importance d'une instruction solide et saine.

« Quel sera le critérium de la compétence des électeurs ? Sera-ce la richesse ? — Ce sera l'avis des rétrogrades. Mais les riches sont incapables de gouverner les révolutions : c'est toujours le rôle des prolétaires.

« Le Positivisme propose d'investir Paris de la fonction d'élire pour toute la France le pouvoir exécutif. Le suffrage universel n'est d'après lui qu'un instrument de nivellement. On le désire partout où l'ordre ancien n'est pas suffisamment nivelé. Dans l'anarchie mentale actuelle il semble toutefois inutile.

« Les tendances du pouvoir parlementaire, où réussit le mieux disant et non le mieux faisant, sont analogues. Gouverner n'est pas parler. La confiance reviendra quand le pouvoir exécutif sera progressif. Il faut que les prolétaires mettent directement les mains au pouvoir. »

— Pour remplir efficacement ce rôle, il faut que les pro-létaires, aptes à s'instruire, puissent trouver un guide utile dans une instruction générale suffisante, en attendant que la vie sociale soit organisée et unifiée dans ce but. L'Universalisme sera le guide tout indiqué, parce qu'il s'adaptera à toutes les mentalités conscientes et qu'il tend à abattre les barrières, à détruire tout ce qui divise les hommes et à élargir constamment l'essor vers le mieux.

Les hautes classes s'attachent au passé. La bourgeoisie est épuisée de sa lutte contre l'ordre catholico-féodal. C'est aux prolétaires à intervenir et à profiter des bienfaits de la civilisation. Pour gouverner, il suffit de vues générales justes, de sentiments généreux et d'habileté pratique. Les prolétaires, qui ont ces qualités, gèrent à merveille les associations ouvrières et gouverneraient parfaitement.

La situation présente est, pour le Positivisme, une tran-sition vers de nouvelles croyances, de nouvelles mœurs que, précisément, l'Universalisme déterminera, et, seul aussi, il présente à l'opinion publique un ensemble de conceptions politiques adaptées à un état purement tran-sitoire.

Les partis s'en font une tout autre idée. Les rétrogrades y voient une aberration permise par la Providence et dont ils s'efforcent de sortir pour retourner vers le passé ; les conservateurs et les constitutionnels, une situation où il faut rester ; les révolutionnaires, un sujet d'application des conceptions métaphysiques qui ont alimenté le dix-huitième siècle et préparé la grande secousse ; les socia-listes, un thème d'expériences pour améliorer les condi-tions matérielles, isolément des conditions spirituelles. Aussi, pour gouverner la phase présente, les rétrogrades proposent la théologie et la royauté ; les constitutionnels, le roi et deux Chambres ; les révolutionnaires, des imitations de la Révolution ; les socialistes, des réformes économiques. Mais l'avenir ? qui s'en occupe ? qui en a la moindre vue ? Cet avenir, nous pouvons dire que le Positivisme le pressent et que l'Universalisme le prépare.

Cette transition n'offre que trouble ou déception, si elle n'est pas mise dans son vrai rapport avec l'avenir. Or, tandis qu'elle l'est inconsciemment par les événements, elle l'est sciemment par le Positivisme. Au fond, la donnée essentielle de la politique est de maintenir l'ordre matériel et d'établir une pleine liberté spirituelle, conditions connexes que les deux grands partis, conservateur et révolutionnaire, séparent toujours, l'un donnant l'ordre sans liberté, l'autre donnant la liberté sans ordre.

On réclame partout un pouvoir central renforcé, ce n'est donc pas une contradiction. Les démocrates demandent le gouvernement du peuple par le peuple. Il ne s'agit pas de rêver tout éveillé et de se fabriquer une société en imagination, où l'on se donnerait carte blanche. C'est dans notre société agitée, incertaine, révolutionnaire quand on menace la liberté, réactionnaire quand on menace l'ordre, qu'il faut trouver une base à une plus forte autorité. Il importe essentiellement que cette base ne soit pas arbitraire. Il faut qu'elle soit solide, scientifique, définitivement établie, comprise, acceptée et utilisée. Il faut, pour l'édifier, utiliser d'abord ce qui existe, en le transformant peu à peu pour le bien général. Ne détruisons donc rien, si nous n'avons pas mieux à proposer. Ne détruisons même jamais, mais transformons les éléments, en les adaptant à la marche de l'évolution progressive. Telle est la méthode préconisée par l'Universalisme.

En vain, quelques attardés songent à une restauration de la royauté. La royauté est devenue impossible, si tant est que l'on puisse qualifier de possible une royauté qui, en soixante ans, a péri quatre fois dans les déchirements, sous Louis XVI, Napoléon, Charles X et Louis-Philippe.

Le pouvoir central est nécessairement gardien de l'ordrc. Avec une telle qualité, que lui manque-t-il pour s'assurer la confiance et la faveur du public ? D'être progressif.

Ce terme mériterait d'être longuement étudié, car il s'appuie sur le mouvement universaliste tout entier, et il apparaît ici comme insuffisant pour expliquer tout ce qu'il contient.

« Tant que le pouvoir central sera rétrograde, disait Littré en 1852, il aura beau défendre l'ordre à sa manière, jamais on ne lui laissera prendre une prépondérance qu'on craindrait toujours de voir dégénérer en tyrannie. Car, de nos jours, qu'est-ce que la tyrannie, sinon le pouvoir mis au service de la rétrogradation ? »

Si donc il est vrai que le renforcement du pouvoir central, surtout dans le plan intellectuel et moral, importe à la sécurité commune, s'il est vrai encore que jamais un pouvoir central ne sera renforcé, considérez par quel moyen il est possible de lui acquérir d'une façon permanente le caractère progressif, afin qu'il prenne une pleine efficacité et dites s'il y en a un autre que d'en remettre l'élection à Paris.

Le Positivisme n'envisage ici que le côté politique et administratif de la sociologie. C'est le mouvement du rouage, vu à distance. Mais le sens de ce mouvement, sa raison d'être, son but profond seront expliqués dans l'Universalisme.

Tout le reste est illusoire, à commencer par le suffrage universel, trop peu soumis à l'impulsion du Positivis . Avouons qu'il est souvent trop peu clairvoyant des destinées de l'Humanité et de la vie intérieure des choses pour donner la direction à une transition aussi orageuse que la nôtre. Il faudrait que Paris confie l'autorité à des prolétaires. L'Universalisme l'admet, à condition que les prolétaires qui participeront au gouvernement soient assez instruits de ses notions d'ensemble pour remplir leur rôle avec le moins d'insuccès possible.

Le prolétariat arrive, d'ailleurs, de toutes parts à la compétition du pouvoir et, comme les instincts progressifs y sont plus puissants qu'ailleurs, il y arrive dans des conditions d'activité bien préférables à celles qu'y apportent les autres classes.

L'anarchie croît, sans qu'elle ait en elle-même aucune issue. On sera certainement conduit à chercher des remèdes. Le remède des rétrogrades est d'appuyer l'ordre sur un pouvoir central qui soit fort : véritable contradiction, car jamais un pouvoir qui sera rétrograde ne sera légitimement fort, ni longtemps.

Le remède du Positivisme est d'appuyer l'ordre sur un pouvoir central progressif : combinaison lumineuse, la seule historique qui n'ait pas encore été tentée et qui puisse contenir l'anarchie imminente, tant du côté des conservateurs que du côté des révolutionnaires.

Le Positivisme insiste sur l'état actuel de transition. Il envisage derrière lui le passé d'où il sort : le régime catholico-féodal, succédant au régime polythéistique gréco-romain, rattaché lui-même par une saine théorie historique au fétichisme primordial, première expansion des sociétés humaines.

Remarquons ici que le Positivisme ignore, et il ne pouvait guère faire autrement, qu'avant ces périodes de fétichisme qui furent l'origine de notre cycle, de notre stade de civilisation, d'autres vagues d'évolution humaine, d'autres civilisations, dont quelques vestiges subsistent à peine, ont existé sur notre planète, reculant ainsi dans la nuit des temps les origines de la Terre. Mais le Positivisme se préoccupe de cette lacune et il pressent la venue de l'Universalisme.

« Mais l'avenir où l'on tend, dit Littré, quel est-il ? À vrai dire, il n'est là-dessus aucune école qui ait une réponse, car la réponse, pour être réelle, devrait être bien plus hardie et avoir une bien plus grande portée que ne se l'imaginent les plus audacieux dans leurs conceptions rénovatrices. Il s'agit, en effet, d'une réorganisation des croyances et de l'activité des croyances par un nouveau dogme et un nouveau régime.

« Les socialistes (je laisse de côté ici les révolutionnaires. La fonction de ceux-ci paraît épuisée et leurs vrais fils sont les socialistes qui songent sérieusement à sortir du chaos négatif), les socialistes, que veulent-ils ? S'occupant uniquement de réformes temporelles, ils s'appuient dans l'ordre spirituel, suivant leur degré d'émancipation, soit sur le catholicisme, ou le protestantisme, l'athéisme ou le déisme. Mais le catholicisme et le protestantisme ont une conception du monde qui fut jadis suffisante, mais qui est maintenant tellement arriérée qu'elle se trouve en contradiction et en lutte de tous côtés avec la science moderne. Rien ne peut plus sortir de leur sein. L'athéisme est purement négatif et subjectif. Il ne peut que ruiner et détruire. C'est le fossoyeur des dogmatismes et des religiosités. Le déisme manque de base positive. Le socialisme manque donc de base sérieuse. Il est impuissant, sans un appui spirituel sérieux, à cacher les craintes légitimes que suscite une pure négation.

« Donc, un dogme nouveau, un nouveau régime, un nouveau culte doivent surgir, afin qu'une nouvelle société prenne la place de l'ancienne. Un dogme est la plus haute expression où l'esprit humain, à un moment donné, puisse atteindre. Il doit satisfaire à ces trois conditions : 1° fournir une conception générale du monde ; 2° soumettre les hommes à une autorité supérieure ; 3° leur procurer les moyens d'améliorer progressivement leur nature individuelle et sociale. »

L'Universalisme, synthèse générale de toutes les connaissances humaines, à la fois scientifiques, philosophiques, religieuses, sociales, artistiques, vient donner la solution cherchée, préparée par les siècles passés de notre cycle et pressentie, attendue comme une réalisation prochaine, par le Positivisme.

L'œuvre entière, la Synthèse répond aux questions qui sont envisagées ici, et ce n'est qu'après se l'être complètement assimilée que l'on pourra concevoir combien l'Universalisme répond pleinement et clairement aux trois conditions posées ci-dessus.

Le dogme nouveau est une conception générale du monde. D'un ensemble de notions simples, il arrive aux phénomènes physiques et chimiques, atteint l'organisation de la vie et s'élève jusqu'aux sociétés et à leur développement. C'est là notre catéchisme et, comme tous doivent le savoir, il faut que l'éducation embrasse toutes ces notions et soit universelle.

On comprend en même temps comment un tel ensemble, résultant de l'élaboration séculaire des sciences, enfin coordonnées en une science, n'a pu surgir qu'après toutes ces élaborations isolées ; comment tout ce qui précède est, à vrai dire, une longue transition. Un seul coup d'œil jeté sur le dogme nouveau nous révélera la direction et tout le sens de l'histoire. Ce dogme, l'Universalisme, est aussi celui qui nous soumet à une autorité supérieure et qui réprime ainsi d'une manière efficace, les insurrections mentales, et, par suite, les insurrections matérielles surgissant au sein de notre orageuse société. Tout dogme accepté par la conscience publique a pour effet de réunir les esprits autour des notions suprêmes et directrices, et qu'y a-t-il qui soit anticipé par la conscience publique ?

Les dogmes anciens sont complètement inhabiles à diriger les consciences, qui sont émancipées en très grand nombre. Le Positivisme se demande : Mais à quelle fin cette émancipation qu'il constate et qu'il aide et au profit de quoi ? « Nul ne peut le dire encore, répondait, M. Littré, car le dogme nouveau, qui ne prend son existence que dans la philosophie positive, est postérieur à la grande commotion occidentale et présentement (en 1852) n'est encore que sur le seuil des intelligences. »

L'Universalisme répondra à toutes ces questions. Cette

émancipation a pour but l'allégement des douleurs, l'évolution vers le bonheur, vers l'harmonie graduellement conquise, et cela au profit de l'humanité tout entière.

La déchéance progressive des dogmes anciens vient de ce qu'ils sont en contradiction complète avec les notions positives, fruits spontanés et successifs de la culture des sciences. Le monde est autre pour nous que pour nos aïeux, le dogme doit l'être aussi.

Le dogme ancien a perdu son autorité. Il est devenu, purement subjectif, les preuves positives lui font totalement défaut. Le monothéisme dogmatique anthropomorphe laisse un vide très grand. Le dogme positiviste, établissant les conditions qui nous régissent, tant du côté du monde inorganique (1) que du côté de celui de la vie et de la société, met le frein véritable, enseignant ce qui se peut et ce qui ne se peut pas (2) dans la rectification de l'ordre naturel et dans le perfectionnement de notre situation. Là se ferme la porte aux divagations révolutionnaires, du moins à ce que les aspirations révolutionnaires ont de trop exagéré.

Et le Positivisme, à fortiori l'Universalisme, n'a rien de fortuit et de conventionnel, car il n'est que le sommaire philosophique, le résumé suprême, l'épanouissement religieux du travail scientifique qui se poursuit depuis l'origine des sociétés, et qui, de notre temps, illumine d'une révélation nouvelle notre passé, notre présent et notre avenir. Il parle à la raison et il sera entendu, car les sociétés sortent de leur enfance, car l'âge des luttes sanglantes touche à sa fin. Une fraternité bienheureuse s'infiltre entre les nations et l'immense population prolétarienne arrive à la plénitude de la vie sociale.

(1) Le monde, prétendu inorganique, n'est qu'une forme du monde organique. Dans l'Univers, tout est vie, organisme tendant au mieux éternellement.

(2) C'est le domaine relatif dont les limites reculent à l'infini au fur et à mesure de l'évolution ascendante de l'humanité.

La théologie anthropomorphe est incapable d'expliquer le passé, ne voyant qu'idolâtrie dans le paganisme et le fétichisme, que corruption et perversité dans la révolution. Comment, dès lors, aurait-elle quelque intelligence de l'avenir ?

C'est justement parce que le dogme positiviste a une pleine intelligence du passé qu'il est apte à nous éclairer sur nos destinées futures. La puissance de l'homme sur la nature ne s'est développée qu'au fur et à mesure qu'il a su reconnaître les lois qui régissent les phénomènes. Hors de là, il n'y a pour lui qu'échecs et déceptions. Il n'est devenu puissant par la vapeur, l'électricité, la lumière, la chaleur, que quand il a possédé la théorie de ces agents. Il n'est devenu puissant en chimie que quand elle lui a révélé ses secrets. Les arts biologiques n'ont pris une vraie consistance que depuis que son génie a pénétré profondément dans la science de la vie. De même pour les sociétés, son intervention n'acquerra une influence qui satisfasse son esprit et son cœur, que quand il connaîtra les lois naturelles qui président aux phénomènes sociaux. Jusque-là le développement social a été aveugle, spontané, sans que rien de systématique le rendît plus rapide, plus sûr et meilleur. C'est ce système qu'apporte le dogme positif, que développe et fait vivre l'Universalisme, conciliant seul l'ordre et le progrès ; l'ordre, en le fondant sur l'ensemble des lois naturelles ; le progrès, en le rattachant à la modification de ces lois naturelles, par l'intervention bienfaisante de l'intelligence et de l'activité.

Un dogme nouveau appelle un régime nouveau. Je nomme régime l'ordre temporel qui s'établit sous la direction d'un ordre spirituel. Ainsi, sous le polythéisme, il y eut le régime des patriarcats, de la plèbe et des esclaves, des théocraties et des castes. Sous le catholicisme florissant, le régime féodal, et sous le catholicisme déchiré par l'insurrection protestante et par l'émancipation qui suivit, il y eut le régime féodal déchiré et toutes les révolutions dont nous sommes témoins.

Le régime nouveau est essentiellement caractérisé par la paix et l'industrie. Les chefs militaires tombent, les chefs industriels s'élèvent, chefs destinés à un rôle bien autrement considérable que le rôle de ceux qui les ont précédés dans l'histoire et guidés dans leur œuvre de fécondité par les maîtres de la pensée. Que serait, en effet, la grandeur d'un patricien méprisant l'industrie et consumant la meilleure partie de ses forces dans des œuvres de destruction, à côté de la grandeur d'un chef industriel, livré sans partage à la production matérielle, et surtout d'un éducateur, d'un philosophe, d'un artiste, d'un savant préoccupé du progrès général de l'Humanité et de la recherche du mieux ?

Mais aussi leurs devoirs sont grands : travail, éducation, femme restant à la maison, enfants soustraits aux labeurs abrutissants, voilà en retour ce qu'il devra au prolétaire. Et ici chacun touche du doigt comment les mesures immédiates ne sont pas efficaces, comment les mesures efficaces ne peuvent pas être immédiates, comment, en un mot, la réforme temporelle dépend de la réforme spirituelle.

Quiconque a suivi avec quelque attention l'enchaînement des idées aperçoit, dès à présent, la lacune qui reste à remplir. Avec le dogme, avec le régime ainsi renouvelé, est-ce que l'idéal, est-ce que la poésie ne seraient pas renouvelés aussi ? Et tandis que nos idées seraient réglées par le dogme et notre activité par le régime, serait-il possible que notre imagination, notre amour inouï du beau, nos sentiments de piété et de vénération, nos émotions sublimes ou touchantes restent inoccupées et livrées au regret de ce passé catholique où tant de ferveur et de charme intime ont captivé les yeux ? Non, sans doute, et, en effet, le dogme nouveau nous révèle une grande et suprême existence qui est notre idéal, notre poésie, notre culte : l'Humanité.

Nos aïeux ne l'ont pas connue et pourtant nous remercions ces humbles adorateurs de fétiches de nous avoir préparé les premiers arts, les premiers outils, les premiers rudiments de la vie. Les païens ne l'ont pas connue, et pourtant nous les remercions d'avoir ébauché les sciences, jeté la poésie à torrents sur la terre et remué tant de germes excellents du beau et du bon.

Les monothéistes anthropomorphes ne l'ont pas connue, et pourtant nous les remercions d'avoir profondément amélioré la morale, mis la femme à une plus digne et plus noble place et empli tout le moyen âge de leur charité pénétrante et de leurs aspirations chevaleresques. Ainsi l'Humanité, en se révélant à nos yeux, illumine tout son passé et, du même coup, jette son rayon sur l'avenir lointain.

Dès aujourd'hui, la porte est ouverte aux grandes entreprises, aux labeurs infinis, aux conceptions qui captivent et qui absorbent.

Une carrière sans bornes s'étend devant nous. Voilà un dogme, voilà un culte, voilà un régime qu'il s'agit de développer et de propager, de prouver, d'éclaircir. Que de travaux pour la génération qui arrive ! Que de fécondes occupations ! Que de remaniements de toutes nos idées, de tous nos sentiments, de toute notre activité ! Parmi les ouvriers qui ne manqueront point, heureux ceux à qui il sera donné de signaler leurs noms et de mériter une reconnaissance pareille à celle que méritèrent les glorieux fondateurs du christianisme.

Les différences qui existeront entre le Positivisme et l'Universalisme ne sont que des divergences qui peuvent, qui doivent même exister entre une doctrine mère et une doctrine plus évoluée.

Auguste Comte était loin de repousser tout idéal, toute idée même religieuse, au sens profond du mot, comme ont voulu le faire croire et affecter de le croire les dogmatismes, religieux surtout, au sens restreint du mot. Bien au contraire, il veut légitimer, établir définitivement cet idéal, et c'est pour aller à lui sûrement qu'il veut une base solide. Il le pressent, il lui ouvre la voie, mais comme il le veut inébranlable, il le conçoit nécessairement au sens scientifique, positif, auquel son nom s'est attaché.

L'Universalisme, la Synthèse Intégrale moniste, la Doctrine Centrale, la Philosophie Absolue et essentielle, sera la réalisation des promesses du Positivisme, comme le moyen d'accomplir l'évolution grandissante vers le Bien, le Beau et le Vrai et de préparer l'avènement d'une société qui vivra réellement la Liberté, l'Égalité et la Fraternité.

5. — De l'Idéalisme à l'Universalisme.

Après avoir envisagé la base positiviste de l'Universalisme ou Intégralisme, nous allons constater comment l'Idéalisme arrive à entrevoir les mêmes horizons universalistes. Il n'y a au fond des divisions de doctrines que des questions de mots, car, on ne saurait trop le répéter, il n'y a qu'une vérité.

« Les noms de doctrines : idéalisme, spiritualisme, intellectualisme, dit M. L. Brunschvicg (1), ont été l'origine de graves malentendus, parce qu'on n'a pas pris garde à l'évolution qui a fait de la métaphysique le criticisme. La métaphysique restait hypothétique et invérifiable. Elle multipliait les formes du domaine de l'imagination. Elle mettait le philosophe en présence d'alternatives qu'il fallait dénouer par une série de coups d'État. Les noms de doctrines étaient alors des symboles de guerre (idéalisme et réalisme, spiritualisme et matérialisme, intellectualisme et philosophie du sentiment ou de la volonté). Le réalisme ne pouvait être vrai qu'à une époque où l'alternative ne se poserait pas. L'affirmation de l'être le pousse à se replier sur lui-même par la contradiction de ses démarches

(1) LÉON BRUNSCHVICG, l'Idéalisme contemporain. Alcan.

spontanées. L'affirmation du réel n'est donc pas ce que suppose le réalisme : une démarche simple et directe, immédiatement isolable parmi toutes les démarches de l'esprit. Elle implique que l'on ait commencé par récuser, pour discerner entre elles toutes les prétentions des différents systèmes à la possession et à l'explication des choses extérieures. Elle implique, par conséquent, après le doute illimité de la réflexion, l'analyse réductrice qui mesure et limite la portée de chaque proposition, la hiérarchie des valeurs, enfin qui subordonne les faits présumés et les théories d'imagination aux conclusions de l'expérience et du raisonnement, toutes conditions auxquelles l'Idéalisme — et l'Universalisme encore mieux, grâce à son fondement positif — peut satisfaire. Elle se meut dans la pensée à travers des négations et des éliminations qui, seules, lui permettent une approximation croissante de la réalité. La science prend possession de toute l'étendue à la fois. afin de déterminer la chaîne sans fin des relations des phénomènes, puisqu'elle prend possession de tous les temps à la fois, afin de trouver dans le passé la genèse explicative du présent.

« Le savant n'est jamais matérialiste qu'en paroles, par une illusion qui lui est, d'ailleurs, aussi naturelle que l'hallucination visuelle au fumeur de haschich. Le savant se voit, en rêve, au terme de son œuvre. Il atteint l'Univers tel qu'il est en soi, purgé de toute interprétation subjective et de tout préjugé humain. Il saisit des éléments immuables qui se prêtent à une infinité de combinaisons et de renouvellements. Le savant s'absorbe alors dans le monde. Son état est littéralement celui de l'extase. Le Criticisme, cet aboutissant de l'Idéalisme rationnel moderne, réveille le savant, en lui rappelant la route parcourue, le faisceau de sensations qui était inévitablement l'unique contenu de son expérience, le tissu de raisonnements qui était inévitablement l'unique ressort de son mouvement, en lui rappelant surtout que la route n'est jamais achevée, que la vie

scientifique est de s'avancer toujours dans une lumière indéfiniment grandissante. Le monde est plus grand que
notre pensée : chaque fois que de nouveaux instruments
reculent l'horizon de notre observation, ils font surgir
des profondeurs inattendues les découvertes les plus décon-
certantes pour les habitudes mentales de l'humanité. Mais
en même temps, et suivant une remarque due à Kant, le
monde est plus petit que notre pensée. L'esprit est l'activité continue de la pensée. Il a fallu deux siècles de progrès philosophique, et surtout l'interprétation d'imma-
nence que Fichte a réussi à donner au Kantisme, pour
concevoir que le *cogito* était non seulement le fondement,
mais aussi le terme de la réflexion philosophique, que l'univers de la science et l'univers de l'action se mouvaient nécessairement au sein de la pensée à laquelle ils devaient
leur vérité.

« Les conditions générales de cette « réflexion «philosophique » paraissent alors définitivement posées. L'œuvre
du dix-neuvième siècle aura été de les dégager de la forme
systématique, de les plonger au cœur de la vie scientifique
et de la vie sociale, de les présenter enfin comme une
méthode de progrès perpétuel, indéfini. » C'est bien là
la tendance universaliste, l'esprit universaliste, dont les
résultats aboutissent à la doctrine elle-même, incluse pour
l'essentiel en ces chapitres.

« Nous pourrions dès lors, et pour conclure, dit M. Brunschvicg, définir, en conformité avec l'évolution de la spéculation philosophique et avec les exigences de la critique
contemporaine, la fonction positive de la philosophie.
Auguste Comte n'a fait que l'entrevoir lorsqu'il l'avait
conçue comme la spécialité de la généralité. » Nous
voyons que l'Idéalisme et le Positivisme aboutissent aux
mêmes tendances finales, dégagent et entrevoient les
mêmes horizons d'ensemble. L'Universalisme en sera la
formule, le terrain de conciliation, où ces deux frères
ennemis se reconnaîtront enfin comme véritablement

frères et harmoniseront leurs contrastes, au lieu de se borner à observer leurs qualités superficielles différentes.

66. — *Force et Matière.*

Le nombre est la loi de l'Univers.
(PYTHAGORE.)

Il n'y a pas de différence de nature entre la matière et l'esprit, mais une différence de degré dans l'évolution. On peut donc admettre que tout est matière ou que tout est esprit. L'hypothèse de l'unité de la matière est de plus en plus approchée par les recherches du monde savant. Par contre, on peut supposer qu'il n'y a ni matière ni esprit, au sens a prioristique où l'on entend généralement ces mots, mais uniquement de la force en évolution graduelle, dont l'essence est la vie même de tout ce qui existe, de tout ce qui est, puisque tout vit intensément.

Des civilisations antérieures qui avaient atteint, avant de disparaître, un degré d'avancement que nous ne pouvons encore soupçonner actuellement, connaissaient cette grande loi d'unité et savaient manier les forces naturelles, inconnues encore à notre science. Elles connaissaient le secret et le sens de la vie.

Les Ioniens, dont l'école refléta en partie ces sciences oubliées, considéraient la substance première des choses comme un fluide. Thalès voyait l'origine de tout dans l'élément humide animé. Pour Anaximandre, le mouvement circulaire engendre et détruit toutes choses. Anaximène attribue nettement au mouvement éternel, suivant les degrés de compression et de dilatation qu'il produit, la constitution des différents corps, leurs séparations et leurs transformations réciproques. Il affirme l'unité de la matière, dont le principe est un air indéterminé, susceptible de sensation, d'intelligence et de volonté, un air pensant d'après Diogène d'Apollonie. Cette doctrine est particulièrement intéressante pour nous, universalistes.

Héraclite, en appelant le principe universel de l'être : le feu toujours vivant qui s'allume et qui s'éteint suivant un rythme, eut peut-être l'intuition de la périodicité des mouvements intérieurs de la matière, et déjà Pythagore plaçait au-dessus de l'air, l'éther, matière céleste, libre de toute matière sensible.

Anaxogore imaginait que dans toute partie de la matière, indéfiniment divisible, se concentraient toutes ses qualités. Empédocle d'Agrigente, enseignait que tout est combinaison et séparation. Les éléments primordiaux sont au nombre de quatre : la terre, l'eau, le feu et l'air. Rien ne se perd, rien ne se crée. Les corps s'interpénètrent et les combinaisons de cette interpénétration produisent les formes multiples et variées de la vie. L'amour et la haine, l'attraction et la répulsion régissent et règlent les phénomènes. L'action à distance entre les corps s'explique par des émanations de particules d'une matière divisible à l'infini, qui pénètre tous les corps, dont les effluves sont en raison des propriétés de l'aimant. C'est la loi de substance d'Ernest Haeckel, théoricien du monisme.

La pesanteur est le résultat des lois du mouvement qui est éternel. Il n'y a pas de force sans matière, ni de matière sans force, disaient les stoïciens. Qui sait si elles ne sont pas l'une et l'autre des degrés divers d'une même essence, et si l'immobilité, l'inertie de la matière n'est pas purement apparente.

Nous croyons à l'existence de la matière, mais les sens ne nous trompent-ils pas? Combien de fois la raison ne doit-elle pas redresser le bâton qui, plongé dans l'eau, paraît recourbé? Dans quels cas le fait-elle réellement? On ne peut pas en être toujours absolument sûr. La matière, comme Protée, s'offre à nous sous mille aspects divers.

On l'a crue impénétrable. Pourtant tous les corps s'interpénètrent comme l'oxygène et l'azote dans l'air que nous respirons. Tous les corps ont une respiration. Ils abordent et émettent des vibrations de chaleur, de lumière, d'électricité, de radio-activité, toutes formes différentes d'une même modalité qui est la vie intime, l'âme des choses.

C'est ainsi que dans l'expérience de Bell on fait tomber un rayon de lumière sur une plaque de sélénium, qui le renvoie à distance sur une autre plaque du même métal. Celle-ci communique avec une pile galvanique à laquelle s'adapte un téléphone. Les paroles prononcées derrière la première plaque s'entendent distinctement dans le téléphone qui fait suite à la seconde plaque. Le rayon de lumière a donc servi de fil téléphonique. Les ondes sonores se sont transformées en ondes lumineuses, celles-ci en ondes galvaniques et celles-ci sont redevenues ondes sonores.

La matière universelle est constituée par un seul élément, manifesté à divers degrés d'évolution. C'est ainsi que, par *l'allotropie*, un corps simple peut acquérir, sous l'action d'une force, des propriétés physiques et chimiques qui en font un autre corps. Par exemple le phosphore blanc, soumis pendant plusieurs heures à une température variant entre 230° et 250°, dans un gaz sur lequel il ne peut exercer d'action chimique, devient le phosphore rouge. Ce résultat s'obtient aussi, plus lentement, par l'action solaire.

PHOSPHORE BLANC	PHOSPHORE ROUGE
Odeur.	Pas d'odeur.
Très vénéneux.	Absolument inoffensif.
Se combine (explosion) avec le soufre.	Ne se combine pas.
S'enflamme à la température ordinaire.	Ne s'enflamme qu'à 230°.
Attaqué par l'alcali.	Inattaquable.
Fusible à 44° 2.	Infusible jusqu'à 250°, Et à 260° il redevient du phosphore ordinaire !

La matière vit intensément. L'insuffisance de nos moyens d'investigation pouvait seule faire supposer le contraire. Tout vit dans l'univers, rien n'est en repos; rien n'est mort au sens ordinaire du mot. Actuellement, sir Olivier Lodge, le célèbre physicien de Birmingham, pense qu'il n'y a en réalité pas d'autre inertie que l'électricité, et que l'inertie apparente de la matière est due aux charges électriques qu'elle possède en puissance.

Aussi la vraie science n'a pas le droit d'affirmer ni de nier sans retour. « Il semble » doit être son dernier mot, car tout change, évolue et progresse.

D'après Gustave Le Bon « la matière est composée de petits systèmes solaires en miniature, formés d'éléments gravitant avec une vitesse immense à laquelle ils doivent leur stabilité même. L'atome est le siège de forces colossales, d'une vie intense, sensible aux influences les plus légères. »

M. Le Bon prétend que la matière n'est pas éternelle, qu'elle meurt, qu'elle s'évanouit. Cet éminent savant n'entend pas par là une destruction, une disparition de la matière, comme on pourrait le croire, du moins a priori, car la matière, constamment fluente et transformée, permane toujours, a toujours été, sera toujours. Nous ne pouvons pas lui concevoir de commencement ni de fin, pas plus que nous ne croyons pouvoir admettre un Créateur, un Être suprême, ayant créé, à un moment donné, entre deux éternités de non-création et de création.

La distinction de l'éternité créée et de l'éternité incréée, la possibilité de cette solution de continuité dans l'éternité des temps pour l'infini des univers a donné lieu à de multiples controverses. En réalité, le temps et l'espace n'existent plus dans le domaine de l'absolu. Là, le présent, le passé et l'avenir se confondent. Le monde des formes n'existe que dans nos plans limités. L'absolu commence là où le relatif nous échappe.

Il y a certes une origine des choses, mais quelle en est

la nature, l'essence? Personne ne le sait. Elle n'en existe pas moins dans un mystère grandiose. N'essayons pas de la définir, de limiter l'infini, de formuler l'innommable, l'inconnaissable.

Citons ici les lois de Gustave Le Bon.

LOIS DE LE BON

Première loi. — La matière, supposée jadis indestructible, s'évanouit lentement par la dissociation continuelle des atomes qui la composent.

Deuxième loi. — Les produits de la dématérialisation de la matière constituent des substances intermédiaires par leurs propriétés entre les corps pondérables et l'éther impondérable, c'est-à-dire deux mondes que la science avait jusqu'ici profondément séparés.

Troisième loi. — La matière, jadis considérée comme inerte, et ne pouvant restituer que l'énergie qu'on lui a d'abord fournie, est, au contraire, un colossal réservoir d'énergie : l'énergie intra-atomique, qu'elle peut dépenser sans rien emprunter au dehors.

Quatrième loi. — C'est de l'énergie atomique, libérée pendant la dissociation de la matière, que résultent la plupart des forces de l'univers, l'électricité et la chaleur solaire notamment.

Cinquième loi. — La force et la matière sont deux formes différentes d'une même chose. La matière représente une forme stable de l'énergie intra-atomique. La chaleur, la lumière, l'électricité, etc., représentent les formes instables de la même énergie.

Sixième loi. — En dissociant les atomes, c'est-à-dire en dématérialisant la matière, on ne fait que transformer la forme stable de l'énergie, nommée matière, en ces formes instables, connues sous le nom d'électricité, lumière, etc. La matière se transforme donc continuellement en énergie.

Septième loi. — La loi d'évolution, applicable aux êtres vivants, l'est également aux corps simples. Les espèces chimiques, pas plus que les espèces vivantes, né sont invariables.

Huitième loi. — L'énergie n'est pas plus indestructible que la matière dont elle émane.

Nous croyons, personnellement, que l'énergie n'est pas destructible, pas plus que la matière dont elle émane. La matière se transforme constamment en énergie, comme le dit la sixième loi, elle est cette énergie elle-même, manifestée ; mais l'énergie est la source indestructible, inépuisable des forces, manifestées ou non, c'est-à-dire, pour nous, visibles, sensibles ou non.

L'avenir, que ces nouvelles conceptions font entrevoir, permet de supposer, comme le fait M. Le Bon, que « la science de demain, basée sur la désintégration de la matière, aura pour but de trouver les moyens faciles d'augmenter cette désintégration et de mettre aux mains de l'homme une source de forces presque infinie. »

· L'attraction et la répulsion ne doivent plus se chercher seulement dans les lois astronomiques, mais chez tous les êtres. L'univers forme une masse compacte dont le moindre ébranlement se propage à l'infini. Tout est vibration déterminée, manifestée selon **un nombre** donné. C'est là qu'il faut trouver les formules et pousser **les investigations.** Tant d'apparentes contradictions heurtent notre **faible cerveau.** La plus grande certitude est notre ignorance sur l'essence des choses. Que de surprises ne nous réservent pas la chimie et la physique du vingtième siècle, mais quelle prudence ne faut-il pas pour déchiffrer les simples et grandes lois de l'univers, accessibles à notre entendement, au milieu de la multiplicité des phénomènes physiques, physiologiques, psychiques et métaphysiques qui nous entourent.

L'éther fut, au siècle dernier l'ultime substratum de la matière, terme générique de tout le monde de forces dont les récentes decouvertes de Rœntgen, Becquerel et Curie ont révélé la subtile et inattendue complexité. Considérons l'ampoule de Rœntgen, récipient de verre où pénètrent deux fils métalliques reliés à des disques de platine appelés l'un l'anode, l'autre, la cathode. Si on fait passer le courant, on peut observer les rayons X à l'extérieur, dus à des mouvements de l'éther qui se propagent par des ondes isolées au lieu de se propager en séries régulières, comme les ondes lumineuses. À l'intérieur de l'ampoule, un flux cathodique s'échappe perpendiculairement au plan de la cathode, en transportant de l'électricité négative, que l'on peut recueillir et mesurer quantitativement. Derrière la cathode se propage un flux positif. Or, ce qui sert de support à ce flux, ce sont des corpuscules de matière qui cheminent avec les deux flux en sens inverse.

Il se passe donc dans la masse gazeuse un phénomène semblable à l'électrolyse de l'eau acidulée, ou d'une lessive de soude. On va même pouvoir déterminer la vitesse et la masse des éléments matériels qui cheminent dans le tube. Les physiciens ont admis, à la suite de l'école anglaise, que le flux cathodique est constitué par des particules matérielles, dont chacune a pour masse le millième d'un atome d'hydrogène, nouvel élément ou réduction de l'atome, que l'on appelle électron. On savait que chaque millimètre cube d'air renferme 10 millions de milliards d'atomes qui s'agitent en tous sens, avec des vitesses d'environ 500 mètres à la seconde. Mais l'atome apparaît lui-même comme un monde, renfermant environ 3.000 électrons. C'est un système solaire, avec un noyau chargé d'électricité positive, autour duquel gravitent les électrons négatifs en orbes fermées. Il y en a plusieurs centaines dans l'atome d'hydrogène, quelques milliers dans l'atome de mercure ou de sodium, et c'est bien leur énergie et non leur masse qui fait l'unité de l'atome.

L'éther vit donc d'une vie intense. Les modifications de température augmentent parfois la vitesse de cette poussière d'atomes, tendent leur trajectoire à tel point qu'ils se brisent, comme le fait est visible dans les flammes et les solides en fusion. Les corps radioactifs, ou plus spécialement radioactifs, car tous le sont, se décomposent spontanément et, bolides minuscules, bombardent incessamment l'espace de leurs électrons.

Certains corps en renferment plus spécialement, par exemple les eaux thermales, certains minéraux, les flammes, les métaux exposés à la lumière solaire, la pluie, la neige, les feuilles des arbres, et en émettent constamment. Les rayons cathodiques atteignent des vitesses de 20 à 100.000 kilomètres à la seconde. Ceux que dégage le radium atteignent de 100 à 297.000 kilomètres. C'est presque la vitesse de la lumière !

Un projectile trouble une certaine région de l'air, comme si la masse apparente était plus grande que sa masse réelle. La différence entre les deux masses croît avec la vitesse, ainsi que l'énergie de l'air ambiant. Le même phénomène se passe pour les électrons. Chacun est accompagné dans sa course d'un courant induit. Il y a également une différence entre les deux masses, et le physicien J.-J. Thomson a trouvé que la masse apparente de l'électron devait devenir infinie pour que celui-ci atteigne la vitesse de la lumière. Les physiciens Simon et Kaufmann ont vu croître cette masse apparente avec rapidité pour les vitesses approchant de 300.000 kilomètres à la seconde.

On peut donc déduire que tout n'est pas matériel dans ces corpuscules. Mais quelle est la part de la matière? Le physicien Max Abraham a traité par le calcul un corpuscule supposé immatériel, ne possédant qu'une charge électrique. On peut établir, pour les vitesses différentes, la loi de variation de la masse due à son sillage. Les résultats obtenus représentent ceux des physiciens Simon et Kaufmann, si bien que le corpuscule n'est pas matériel. C'est une charge d'électricité qui se meut dans l'éther. L'atome est donc dématérialisé, et, avec lui, tout l'univers; conclusion imprévue du physicien qui se demande si la matière n'existe

que par suite du mouvement, que par suite de l'angle sous
lequel nos sens la perçoivent.

Aussi, en revenons-nous à notre point de départ : « Il
n'y a ni matière, ni esprit, mais uniquement de la force en
évolution progressive. » Une fois encore les Anciens ont raison. Pythagore formula en effet, non sans vraisemblance,
que le nombre est la loi de l'univers. Il est peu probable
qu'on lui trouve, de longtemps, une base plus solide.

7. — La Vie de la Matière. — L'Avenir de la Science.

Nous sommes accoutumés à diviser la nature en trois
règnes : la terre, les végétaux, les animaux; cela est clair
et simple. Mais la nature elle-même n'est pas aussi simple
que cela. Longtemps, l'orgueil de l'homme a refusé à
l'animal la possession d'un principe animique, et, depuis,
quelle ne fut pas sa surprise de reconnaître que, dans la
matière brute elle-même, fourmille une vie intense qu'on
était bien loin de soupçonner. En outre, entre ces trois
règnes, existe une multitude de transitions, de même
qu'entre les trois états : solide, liquide et gaz. Il n'y a pas
de démarcation nette entre eux, et plus on les cherche,
moins il est facile de faire une délimitation. Les règnes se
confondent. Le naturaliste voit la vie prendre les formes
les plus complexes et les plus rudimentaires. Le physicien
s'est longtemps refusé à accorder la vie à la matière. Il la
croyait inerte, mais une observation plus attentive et plus
heureuse lui a fait voir une activité prodigieuse sous cette
apparente immobilité. Il constate des jeux de forces : cohésion, osmose, diffusion, des actions électriques, cataly-
tiques, cristallines qui donnent à la matière brute certaines
caractéristiques des êtres vivants. Il ne peut plus délimiter

le domaine qu'il appelle inorganique et le séparer du monde organique. Il constate dès maintenant qu'une certaine quantité de phénomènes, que l'on considérait jusqu'ici comme spécifiques de la vie, appartiennent à la matière brute.

La nature vivante se manifeste par ses fruits, par son agencement et par sa vie même.

Au dix-neuvième siècle, la théorie vitaliste fit fortune. La chimie organique et la chimie inorganique faisaient deux classes à part. Les êtres classés dans la chimie organique élaboraient des produits *sui generis*, provenant de ce que l'on dénommait le laboratoire mystérieux de la nature.

Depuis, le vitalisme a vu son domaine considérablement diminué par les recherches de Berthelot et de savants qui reproduisirent, par synthèse, plusieurs composés élaborés par la vie. Mais ces corps synthétisés sont tous des déchets, comme les essences, les parfums, l'urée. La vie elle-même se concentre dans les albuminoïdes qui sont déjà difficilement isolés à l'état pur et qui attendent le Berthelot qui en fera la synthèse. Déjà les chimistes Fischer et Cossel connaissent leur mécanisme d'agrégation moléculaire.

La chimie biologique s'est également occupée du rôle des ferments solubles : diastases, zymases ou enzymes qui agissent sur la matière vivante, dont ils modifient la substance.

Les diastases possèdent une puissance d'action considérable, par exemple, la présure, qui peut coaguler jusqu'à 10.000 fois son poids de lait. Elles sont l'âme des réactions vitales. Elles agissent comme les ferments organisés, qui, eux-mêmes, n'ont d'action que par les diastases qu'ils secrètent.

On commence à connaître le fonctionnement des diastases. M. Bertrand a étudié les oxydases et établi l'action du manganèse qui y est contenu. Von Berneck et Bredig ont démontré que leur activité n'était pas due à un je ne sais quoi de vitaliste. Après avoir produit un arc électrique, au sein d'un liquide isolant, on le voit perdre sa transparence. Il contient une poussière du métal pulvérisé par l'arc électrique.

Dans cet état, dit colloïdal, les métaux sont coagulables par les acides et les bases, les sels, la chaleur. Ils sont à même de transformer l'alcool en acide acétique, de décomposer le sucre. Leur rôle est le même que celui des diastases : une partie de platine colloïdal décompose plus d'un million de fois son poids d'eau oxygénée. En outre ce platine est rendu inactif par l'acide sulfhydrique, le sublimé corrosif, la chaleur. Or, ce sont là les éléments qui fixent la matière vivante. Nous voyons là le monde minéral et le monde animal se pénétrer d'étrange façon. On voit les réactions de la matière vivante rentrer dans le cadre de la chimie générale, ouvrant des horizons illimités aux découvertes de la science.

La vie se manifeste surtout à nous par le monde des formes. La cellule est l'atome de la matière vivante. Or, la matière brute n'est pas quelconque, mais ordonnée dans un ensemble comme dans le détail, et son organisation ressemble et se confond parfois avec celle de la matière vivante. On le remarque dans le cristal par exemple, le bismuth, le sulfate de zinc, l'alun, le cristaux de plomb ou d'argent, appelés arbres de Saturne ou de Diane qui ressemblent à des végétaux.

Les cristaux se reproduisent comme des cellules vivantes, soit par germination, en se détachant d'un autre cristal, soit par endogénie, en se constituant à l'intérieur de la cellule-mère.

Ces résultats nous mettront sur la voie d'une synthèse de la vie qui supprimera les cloisons que la science actuelle maintient encore entre la matière et la vie, qui sont, en réalité, intérieurement unies. Quand une solution, saturée à chaud, l'est trop, elle est sursaturée et les cristaux ne s'y forment pas. Elle se conservera inaltérée dans des récipients bien scellés. Si on débouche l'orifice, la rentrée libre de l'air aura pour effet de produire des cristaux. Le germe cristallin, nécessaire pour réaliser ce phénomène, était en puissance dans l'air et sa pénétration dans la masse

saturée suffit à effectuer la cristallisation, de même que la
vie nécessite un germe, source de vie, pour se manifester.

Le monde minéral est sujet à des contagions, à des épi-
démies. Les rails de chemin de fer deviennent parfois cas-
sants dans une zone, une région déterminée. On sait que
les machines-outils ont besoin de repos comme les ouvriers. Les boutons d'étain de certains régiments des pays
froids deviennent parfois friables par suite d'une action du
froid qui fait de l'étain une matière cristalline très friable.
Cet état se transmet par contagion, par contact ou simple
voisinage, sans abaissement de température. L'air en trans-
porte les germes, comme dans l'exemple de la cristallisation
ci-dessus.

Les mélanges liquides et visqueux reproduisent également les formes de la vie par convection calorifique,
osmose, capillarité, diffusion. Bütschi de Heidelberg fait
de la morphologie de ce genre. Il y arrive, dit M. Raphaël
Dubois, en mélangeant, avec certaines précautions, de
l'huile de lin, un carbonate alcalin et de l'eau, ou bien encore
de l'huile et du jaune d'œuf, comme pour une sauce mayon-
naise.

C'est de la cuisine, mais combien curieuse à examiner
au microscope ! Non seulement, cela ressemble à la substance fondamentale des cellules, mais cela se meut, se
déplace, change de forme comme une monère ou un amibe !
Et le professeur de Herrera de Mexico, en variant et en
expliquant les expériences de Bütschli, arrive à conclure
que la plupart des propriétés physiques du protoplasma
peuvent être imitées avec des oléates alcalins. Ces savants
ne prétendent pas créer de la vie, mais ils la constatent
partout.

Si l'on verse, avec précaution, dans un verre à moitié
rempli d'eau une couche de vin ou d'alcool, elle surnagera
à la surface, mais non pas indéfiniment comme si c'était
de l'huile. Il se produira une pénétration, un mélange propre
à tous les liquides miscibles.

Ce phénomène se produit également sous le nom d'osmose quand on sépare les deux liquides par une matière perméable. C'est le procédé employé pour l'épuration des jus sucrés dans les distillations dont l'application revient à Dubrunfant. Les corps non cristallisables ne se diffuseront à travers la paroi qu'avec une très grande lenteur. Les colloïdes, non cristallisables, ont une molécule plus grande. La molécule d'albumine contient 450 atomes de carbone, 720 atomes d'hydrogène, 116 atomes d'azotes, 6 de soufre et 140 d'oxygène. Elle pèse 250 fois plus que celle du sel marin, 10.000 fois plus que l'atome d'hydrogène. Les membranes des tissus vivants, très variables par leur imperméabilité, sont des cribles qui fond le triage utile à la vie organique. Les déchets, comme l'urée, sont éliminés.

Si l'on observe le mélange de deux liquides, on obtient, suivant les conditions de l'expérience, des cellules polyédriques ou allongées, fibriformes ou à prolongements ciliaires, ou bien à ramifications dendriques, comme des cellules du système nerveux. Ces cellules ont un noyau et une vie intérieure.

Ces procédés sont employés dans la coloration des vins. Une simple goutte peut constituer un tissu cellulaire présentant les deux phénomènes d'organisation et de nutrition. Ce tissu se forme prolifiquement en quelques jours, quelquefois en quelques minutes.

On peut former des simili-végétations, sensibles aux anesthésiques et aux poisons, en laissant choir une goutte contenant 1 de cuivre et 2 de sucre dans la solution-mère formée d'eau de gélatine, de ferrocyanure de potassium et de sel marin.

Enfin la parthogénèse expérimentale a donné avec les professeurs Jacques Locle et Yves Delage des résultats remarquables. Des œufs d'astéries et d'oursins ont été fécondés par la seule action de solutions salines. Les œufs fécondés sont devenus larves, puis astéries et oursins, plus petits, mais semblables aux autres. La parthogénèse a même produit une espèce nouvelle d'oursins à symétrie hexagonale, alors qu'elle est habituellement pentagonale. M. Burke obtint par le radium des utricules ayant toutes les caractéristiques des cellules vivantes.

Peu à peu, l'abîme qui séparait la matière proprement dite de la matière vivante se comble par la découverte de formes simplistes de la vie et de formes compliquées de la matière.

La science réalisera certainement par la suite la synthèse de la vie. Les résultats acquis permettent de l'espérer.

8. — *Le Radium.*

La découverte de la radio-activité par Henri Becquerel et du radium par M. et Mme Curie est d'une importance considérable pour l'orientation de la science moderne. On l'a comparée à cet égard à la découverte de l'Amérique qui eut sur les destinées du monde une si grande influence.

Elle établit qu'il existe dans l'univers des forces et des modifications de forces insoupçonnées jusqu'à ce jour. Certains corps peuvent émettre de l'électricité, de la chaleur, de la lumière sans que leur poids diminue et sans que leur pouvoir rayonnant semble s'affaiblir. On a reconnu ensuite que tous les corps étaient imprégnés de cette force à des degrés différents.

Nous ne saurions trop rendre hommage aux savants qui, par cette belle découverte, ont ajouté un étincelant fleuron à la glorieuse couronne du génie français.

Le rayonnement spontané et permanent du radium est mis en évidence par l'illumination d'un corps phosphorescent, comme le sulfure de calcium, placé dans le voisinage. Les corps opaques sont tous pénétrés et traversés et l'uranium irradie d'une façon constante. Il semble inépuisable et comme alimenté par une énergie qui n'est empruntée à aucune source visible.

C'est en étudiant un minerai, la pechblende, que M. et
Mme Curie parvinrent à isoler un nouveau corps, présentant toutes les propriétés de l'uranium de M. Henri Becquerel, mais jouissant d'une puissance de rayonnement,
environ 2 millions de fois plus grande que celle de l'uranium.

Ces radiations sont, en apparence, indifférentes aux variations de la température qui agit sur tous les corps. Le
thermomètre qui indiquerait les modifications du radium
est encore à trouver.

Le radium ne connaît pas de corps isolant. Il décharge
à distance un électroscope chargé. Les prismes ne réfractent pas ses rayons. Seul, un puissant aimant paraît pouvoir le dévier et le décomposer en trois groupes inégalement électrisés. L'énergie du radium semble inépuisable.
Reste à savoir d'où lui vient cette énergie.

De toute façon, cette découverte met la science moderne
sur la voie de la synthèse, car nous pouvons appliquer au
radium cette idée qu'il n'y a eu ni matière, ni esprit, en tant
que dualité, mais de la force en évolution et que les lois fondamentales de la nature sont des lois de vibrations qui
reposent sur les nombres et dont nous ferons une étude
spéciale dans notre synthèse de philosophie absolue.

9. — *Le Monisme intégral.* — *La Loi de substance.*
Tendances à la synthèse de centralisation.

« Le monde en s'éclairant s'élève à l'unité », a dit le délicat poète et philosophe initié Lamartine.

Nous empruntons expressément cet aphorisme à l'idéaliste, chantre des émotions supérieures de l'âme, pour le

rapprocher de la loi essentielle de la doctrine du matérialiste allemand Ernest Haeckel : le Monisme.

La loi de substance n'est autre chose que cette unité qui
est comme l'axe de l'évolution universelle, qui en exprime
la relativité tout en se confondant avec l'absolu par une
pénétration qui apparaît comme étant de plus en plus intime et profonde à mesure que l'on prend conscience de la
vie intérieure de tous les êtres, de l'univers.

Ce grand mystère de la nature s'élargit à mesure que la
curiosité du penseur la fouille par l'esprit et par le cœur,
en se posant l'éternel pourquoi des choses. De nouveaux
horizons, toujours plus vastes, plus précis, et à la fois
plus attirants et plus énigmatiques, se dévoilent.

Le monisme d'Ernest Haeckel est encore trop superficiel,
en ce sens que ce matérialisme, ce déterminisme immédiat
ne s'attache qu'au premier plan de la nature, immédiatement accessible aux sens terrestres. C'est une métaphysique négative, une méthode d'analyse, une réserve intellectuelle, situation d'attente provisoire à l'égard de l'avenir
et des progrès de la pensée humaine vers la synthèse, vers
la science universelle.

Il est le point de départ d'un monisme profond qui
s'étend à tout l'univers : le Monisme Intégral ou Universalisme qui est le terrain d'entente de tous les modes de la
pensée humaine.

« Je considère, dit Ernest Haeckel, comme la suprême,
la plus générale des lois de la nature, la véritable et unique
loi fondamentale cosmologique, la loi de substance. Le
fait de l'avoir découverte et définitivement établie est le
plus grand événement intellectuel du dix-neuvième siècle,
en ce sens que toutes les lois naturelles connues s'y su-
bordonnent, — ce qui est de l'universalisme.

« Par le terme de loi de substance, nous entendons à
la fois deux lois extrêmement générales, d'origine et d'âges
très différents. La plus ancienne est la loi chimique de
conservation de la matière. La plus récente est la loi

physique de la conservation de la force. Ces deux lois
fondamentales des sciences exactes sont séparables dans
leur essence, ainsi que cela a été reconnu par la plupart
des naturalistes modernes. »

La première loi à considérer est la loi de constance
ou de conservation de la matière, exprimée par Lavoi-
sier (1789), « La somme de matière qui remplit l'espace
infini est constante. » Les corps se transforment sans
s'anéantir. Nous n'assistons à aucune création. L'univers
est comme un immense laboratoire de chimification constante, où tout fermente pour évoluer, pour progresser.

De même pour la loi de conservation de la force ou de
constance de l'énergie, exprimée par Robert Mayer (1842).
« La somme de force qui agit dans l'espace infini et qui
produit tous les phénomènes est constante. » La chaleur
devient mouvement, et, inversement, le mouvement devient
chaleur, lumière, son, électricité, etc.

Remarquons bien que la matière et la force fusionnent
et s'unifient, sont inséparables et intimement liées. Ce sont
deux aspects différents de la même expression de la vie
manifestée. Et nous répéterons ici ce principe universaliste qu'il n'y a pas de différence de nature entre la matière
et l'esprit, mais seulement une différence de degré dans
l'évolution.

« Le premier penseur qui introduisit dans la science la
notion de substance, dit Ernest Haeckel, fut le grand philosophe Spinoza dans son ouvrage principal paru en 1677. »

« Dans la grandiose conception panthéiste de Spinoza,
la notion du monde, ou Cosmos, s'identifie avec la notion
totale de l'absolu. Cette conception est en même temps le
plus pur et le plus raisonnable monisme et le plus intellectuel et le plus abstrait monothéisme. Cette universelle
substance, ou ce divin être cosmique, nous montre deux
aspects de sa véritable essence, deux attributs fondamentaux : la matière (la substance matière est infinie et
étendue) et l'esprit (la substance énergie comprenant tout).

Toutes les fluctuations qu'a subies plus tard la notion de substance proviennent, par une analyse logique, de cette suprême notion fondamentale de Spinoza que je considère, dit E. Haeckel, d'accord avec Gœthe, comme une des pensées les plus hautes, les plus profondes et les plus vraies de tous les temps. Toutes les formes individuelles d'existence, tous les divers objets de l'univers, que nous pouvons connaître, ne sont que des formes spéciales et passagères de la substance, des accidents ou des modes. Ces modes sont des objets corporels, des corps matériels; lorsque nous les considérons sous l'attribut de l'étendue ; au contraire, ce sont des forces ou des idées lorsque nous les considérons sous l'attribut de la pensée. C'est à cette conception fondamentale de Spinoza que notre monisme épuré, revient après deux cents ans. Pour nous aussi, la matière et l'énergie ne sont que deux attributs inséparables d'une seule et même substance. »

Nous voici en plein universalisme. C'est pourquoi nous nous sommes plù à citer ces lignes d'Ernest Haeckel, considéré bien à tort comme un adversaire de l'idéal. Cette grandiose conception de l'univers n'est-elle pas plus sublime que les croyances fanatiques et étroites qui tendent à limiter l'infini, à circonscrire l'absolu ?

Il n'y a que de la force en évolution dont la formule, aussi exacte que possible, ne peut s'exprimer que par des nombres correspondant à chaque manifestation de vie, d'existence, si bien qu'à l'extrême, les pensées les plus délicates, les sentiments les plus élevés trouveront dans la science future leur expression signifiée par un nombre, une formule mathématique. De telle sorte que les domaines du sentiment et de la raison froide, que l'on a cru à tort séparés comme par un abîme d'incompatibilité, se réuniront dans une fusion magnifique, exquise, dans une synthèse d'âme et d'esprit qui fera pénétrer, à ceux qui y atteindront, le secret de la vie, le sens profond de l'existence et de nos destinées.

La vie remplit tout l'univers. Il n'y a de vide nulle part. Le néant est impossible, car il se confond avec l'absolu. Tout vibre, et cette loi de vibration est la manifestation vivante de la loi des nombres.

Toutes les forces de la nature se ramènent à ce dynamisme essentiel. La belle loi de Newton est le vêtement magnifique dont l'illustre savant a revêtu l'énigme de la vie universelle. Mais l'attraction de deux masses en rapport direct de leur masse et en rapport inverse du carré des distances est une constatation géniale qui nous exprime le résultat de l'observation scientifique sans nous en expliquer la cause. Ernest Haeckel reproche à Newton de l'avoir cherché dans le théisme absolu et c'est là une erreur, car le théisme se confond avec la notion de vie universelle et progressive à laquelle nous faisions allusion plus haut.

Nous étudierons ce domaine des causes dans l'œuvre en préparation, sorte de catéchisme de l'école universaliste : La synthèse absolue ou l'Évangile Social, encyclopédie humanitaire, testament du vingtième siècle ou Monisme Intégral : l'Universalisme.

Derrière la loi des vibrations apparaît une loi plus intime de la nature, celle de la condensation de la matière ou de l'énergie, condensation toujours équilibrée dans le sens de l'évolution progressive et régie elle-même par la loi des affinités qui en est comme l'instinct et comme l'intelligence.

Empédocle a parlé jadis de « l'amour et la haine des éléments » qui exprime très exactement la loi des affinités. Les affinités sont de plus en plus élevées, ce qui nous découvre une loi plus intime encore, celle de l'ascension des choses et des êtres vers le mieux; au perfectionnement constant de tous les éléments de la nature, tous relatifs et attirés vers l'absolu. Cette attraction ascendante se manifeste dans tous les règnes de la nature et nous dévoile la grande loi d'évolution universelle et infinie qui donne raison à la doctrine évolutionniste de Darwin et de Spencer, autres universalistes, en l'agrandissant à la conception de la nature entière, connue et inconnue.

Le progrès est donc la loi du monde, la raison d'être relative qui est, croyons-nous, la plus intime que nous puissions avoir de l'existence de tout et de notre propre personnalité. Le voile qui nous cache l'inconnu se soulève peu à peu, notre connaissance grandit de plus en plus, mais la grande énigme de la vie recule à mesure que nous avançons. Si l'horizon de la connaissance s'agrandit, s'éclaire, se précise, s'embellit de plus en plus, le grand mystère, le grand pourquoi des choses échappe encore à notre curiosité intellectuelle et sentimentale; mais nous avons conscience que peu à peu le grand inconnu se révélera, au fur et à mesure de notre ascension grandissante. Nous sommes encore trop au bas de l'échelle d'évolution, graduée vers l'absolu, pour saisir par l'esprit, bien que nous pressentions déjà par le cœur.

Les chapitres d'initiation de notre évangile Social, l'œuvre d'amour, nous révéleront ce que nous pouvons connaître et pressentir des merveilles que la nature tient en réserve dans l'immortel avenir.

Les instincts, d'abord inférieurs, puis de plus en plus élevés, sont en nous l'écho de cette attraction magnétique que l'absolu exerce sur tout l'univers. C'est lui qui est cette unité majestueuse et totale, non plus loi de substance, mais substance même de tout. Cette attraction se manifeste par les aspirations esthétiques et sentimentales de plus en plus sublimes. S'il y a de la brutalité, de la douleur dans nos plans d'existence, elle est due à notre infériorité, et notre raison d'être est précisément de forger notre être pour un perfectionnement constant qui donne les bonheurs intenses de l'esprit et du cœur, les plus élevés et les plus durables. Nous verrons comment peut s'expliquer cette mystérieuse gradation de la nature vers le bonheur.

Le monisme intégral, au lieu d'être « la chute définitive des trois dogmes centraux de la métaphysique : l'absolu, la liberté et l'immortalité », comme le dit Ernest Haeckel, en est ainsi l'expansion totale, la fusion, la plus haute réalisation où les mots esprit et matière ne sont plus que des mots et où la sublime loi de progrès universel symbolyse et synthétise l'unification de toutes les forces, de toutes les formes de la nature : l'Universalisme.

10. — *Tendances à l'Unité.*
Centralisation de la Pensée. — Fusion
synthétique des Doctrines.

La philosophie a une tendance à généraliser, tandis que les sciences se spécialisent dans un particularisme analytique. A certaines périodes de l'évolution, la pensée centralise ses résultats acquis en synthèse, fruit des acquisitions des analyses précédentes. A chacun de ces stades de l'évolution, on conçoit les grandes lois naturelles qui en sont l'axe, sous un jour de plus en plus complet. La centralisation de la philosophie tend à embrasser dans une formule générale la multitude des assimilations expérimentales. C'est le cas pour le monisme intégral.

Le dix-neuvième siècle a été témoin d'un transformisme de ce genre avec le positivisme, le criticisme qui est un idéalisme en progrès, et la philosophie de l'évolution, améliorée par la grande tradition sensualiste.

Depuis, ces types offrent une tendance remarquable à s'interpénétrer. Leurs disciples se croient souvent, et à tort, des adversaires. La pensée du dix-neuvième siècle n'en a pas moins continué à se diriger lentement, mais sûrement, vers la centralisation, le foyer, l'unité de la pensée : l'Universalisme ou Monisme intégral.

Il s'ensuit que le monisme moderne, sous les aspects variés qu'il a revêtus avec le criticisme de Kant, le positivisme d'Auguste Comte surtout et l'évolutionnisme de Spencer, se rapprochent de la conception la plus élevée de la théologie : l'identité panthéiste de la pensée et du monde.

C'est cette idée que nous avons vu exprimer par Ernest Haeckel, à propos de Schopenhauer, dans le chapitre précédent.

Ces doctrines sont donc des pluralismes en travail de monisme et le monisme d'Ernest Haeckel prépare la voie du monisme intégral de la philosophie absolue prévue par Auguste Comte lui-même.

Les panthéistes et les positivistes n'approfondissent pas assez leur conception unitaire, sans quoi ils finiraient par se rencontrer. Les panthéistes voient dans l'univers sa propre cause, tout en distinguant la cause de l'effet dans la mesure qui leur semble utile pour échapper à la métaphysique athéistique. Les positivistes séparent volontiers le relatif et l'absolu, tout en considérant leur opposition comme purement formelle. Pour eux, l'absolu, rélégué au delà des bornes de l'expérience, se change en incognoscible, se confondant sur ce plan de l'insondable mystère avec le Dieu qui vivifie et anime le monde.

Le monisme moderne reprend volontiers à son compte les doctrines qualifiées aujourd'hui d'intuitions métaphysiques qui, comme celles de Spinoza et de Leibnitz, admettent partout la coexistence du mouvement et de la pensée. Les résultats de la science actuelle (thermo-mécanique, chimie, analyse spectrale, chimie atomistique, biologie cellulaire, mécanisme évolutionniste) paraissent le confirmer; nous l'avons vu dans les chapitres « force et matière », « la vie de la matière ».

Les trois grands monismes historiques de la philosophie aboutissent donc au même terme de centralisation. Rien de plus logique, puisque tous trois commettent sous des apparences diverses, la même erreur de partialité. L'unité qui se manifeste ici dans l'effet est un résultat direct de l'unité de la cause.

Les grandes synthèses du savoir conduisent toutes à l'unité de la science.

« On voit poindre sous l'universalité de l'attribut quantitatif, dit E. de Roberty, l'unité ontologique même, atteinte par la raison, réduisant tout ce qui tombe sous l'action des sens au concept unique de l'être. Loin de se séparer du monisme mental, le monisme quantitatif s'y déverse tout entier.

« L'unité du cosmos s'y révèle également à l'observateur, qu'il soit savant ou philosophe, mathématicien ou logicien, qu'il choisisse pour repère les faits de quantité, ou la foule plus restreinte des phénomènes intellectuels, il finira toujours par accepter la relation nécessairement concentrique de ces deux sphères.

« Ce monisme suffit à la science, aussi bien qu'à la philosophie. Il se complète d'ailleurs et s'approfondit par l'adjonction de synthèses essentiellement identiques, recueillies dans les domaines intermédiaires. Elles servent toutes à vérifier la généralisation déjà obtenue.

« Le temps et l'espace, auxquels nous accordons l'universalité la plus large que l'on puisse imaginer, semblent néanmoins se distinguer par essence, des concepts qui symbolisent les autres attributs. En effet, nous pensons le temps et l'espace en eux-mêmes comme illimités ou infinis. Mais qu'est-ce à dire ? et la qualité universelle ne doit-elle pas, par définition, pouvoir s'attribuer à toutes choses ? Tout phénomène occuperait donc éternellement un espace sans limites connues ? C'est bien un peu là, il faut l'avouer, la conception du monde, telle qu'elle prévaut aujourd'hui et que justifieraient, d'ailleurs les faits d'expérience.

« Mais il existe une façon plus simple d'expliquer l'infini, cette idée qui a fourvoyé tant d'intelligences de premier ordre. Tâchons d'y voir le synonyme exact de l'universel. L'universel et, en ce sens, l'Un, nous semble, par là même, le contraire du fini, du particulier, du multiple. La mathématique a bien saisi la vraie nature du concept d'infini en

l'exposant comme une fonction signifie $\dfrac{1}{0} = \infty$. Au dualisme, rajeuni et « transfiguré » par les siècles, opposons
franchement la vieille et incoercible recherche de l'unité. »

Pour l'Universalisme, l'infini, l'absolu est l'épanouissement de l'unité et non pas le contraire du fini, de sorte
que, pour nous, l'unité, le zéro et l'infini se confondent
comme des manifestations variées de l'absolu ($1 = 0 = \infty$).

Ce qui différencie les choses et les êtres, ce qui les
exprime plutôt et les distingue, ce qui détermine les diverses
nuances du matériel et du spirituel, c'est le nombre, en
fonction de l'infini.

L'unité, qui s'oppose abstraitement à la multiplicité, ne
se conçoit-elle pas aussi bien comme l'indivisé, la chose sans
limites et comme le clôturé, ou l'espace absolument fermé,
rigoureusement séparé de ce qui l'entoure ?

A tout moment, la pensée borne le monde pour observer,
pour analyser. Elle divise et mesure les choses et remarque,
dans la variété ainsi obtenue, les nombres et les rapports
les plus durables. Elle extrait enfin de ceux-ci leur « sub-
stantifique moelle », les grandes abstractions destinées à
consolider et à unifier le savoir.

Le concept du mouvement domine aujourd'hui la science
positive. Il est, au mécanisme universel, ce que l'idée de
limite est à la relativité du savoir.

Le point, ou unité, est la limite de toutes les limites, unité,
abstraction qui se confond avec l'absolu, qui er est comme
le minimum d'expression et l'extrême sommet. Il produit
la ligne et, par elle, la surface et l'étendue, les objets. Ceux-
ci se meuvent. Le mouvement se présente donc comme
une fonction essentielle d'existence. Il est la fonction et la
vie du nombre qui l'exprime, ce nombre étant comme le
point de jonction de l'abstrait et du concret.

Le mouvement exprime donc un rapport constant entre
les objets de la connaissance rationnelle.

La tendance à une science universelle coïncide avec

la notion d'une philosophie arrivée à son plein épanouissement, savoir général que mûrissent les temps, formation intellectuelle réservée à l'avenir, la synthèse cosmologique, conception exacte du monde qui surgira un jour complète des acquis de la science positive.

Le savoir unifié, le développement extrême de nos connaissances de détail centralisé par nos conceptions d'ensemble, voilà le but. Expérimental, il ne cessera pas d'être rationnel. Des lois les plus générales dans toutes les catégories de phénomènes, il cherchera à déduire l'ordre et la loi du monde. Il acquerra nécessairement, de la sorte, l'autorité religieuse dans la large acception du terme. Il guidera la vie morale et dirigera le genre humain.

11. — *Les manifestations de l'Unité.*

Nous savons que toutes les sciences sont en réalité les rameaux d'une même tige. Mais quelle est cette tige ? Et surtout quelle est la loi universelle du développement de la tige en ses rameaux, ou du principe essentiel dans les diverses branches des connaissances humaines ?

La plus importante découverte sur ce point est la loi universelle de génération des idées de nombre et de grandeur.

Le génie de Leibnitz a recherché une langue universelle.

Malebranche l'avait entrevue dans la *Recherche de la vérité* (5. 5 et 6. 6.)

Leibnitz forma de bonne heure ce projet d'une langue universelle. Il remarqua que, depuis Pythagore, on a toujours supposé que la science initiatique des nombres possédait de grands secrets. Il y voyait le premier de tous les arts, dont personne ne s'est avisé, celui de dresser un catalogue des jugements ou des pensées et de marquer chaque jugement ou pensée d'un caractère propre et spécial, reconstituant ainsi les arcanes de l'initiation. Cette nouvelle langue ajouterait à la puissance du raisonnement plus que le télescope à l'œil.

Cette langue universelle, pressentie par Leibnitz, est la langue des nombres.

Il importe de savoir deux choses :

1° D'où viennent toutes les idées possibles, notamment celles de nombres et de grandeurs ?

2° Quelle est la loi universelle de la génération ou du développement naturel et nécessaire qui fait dériver les lois les unes des autres ?

Nous verrons :

1° Que toutes les idées, pensées, manifestations d'existence quelconque de l'Univers entier, ne sont que l'idée de l'absolu modifiée et développée à l'infini, en tout et partout, en vertu d'un principe de triple égalité contenu dans l'absolu même, dont le premier axiome de la géométrie est la formule générale.

2° Que cette génération naturelle et nécessaire des idées se formule finalement en cette loi : en tout et partout, l'infini absolu engendre l'infini relatif, comme l'infini relatif engendre le fini. Et la génération inverse est impossible.

a) L'infini absolu est l'idée de l'être qui n'a ni commencement, ni fin. Il est seul et unique et il est tout. C'est l'être simple, l'être singulier par excellence. C'est le plan éternel.

b) L'infini relatif est l'idée de l'être qui a un commencement et qui n'a point de fin ; et il y en a une infinité. C'est le plan immortel.

c) Enfin le fini est l'idée de tout être qui a un commencement et une fin. C'est le monde transitoire des apparences et il y en a également une infinité. C'est le plan périssable et fugitif.

Ces principes sont les fondements essentiels de toutes les sciences rationnelles ayant pour principe et pour fin la recherche de la vérité ou le développement des vérités composées qui découlent de la vérité fondamentale, prise pour unité génératrice.

On peut sectionner la connaissance en quatorze sciences : l'arithmétique, l'algèbre, le calcul infinitésimal, la géométrie, la mécanique, la logique, la minéralogie, la physique terrestre, la physique céleste ou astronomie, la zoologie, la botanique, la grammaire générale, la musique et enfin la synthèse qui engendre dans leur plénitude, centralise et domine toutes ces sciences, y compris la langue universelle des nombres.

Chaque science est une langue, chaque langue est une science. Délices ! haute évidence de cette immortelle loi universaliste de la création, on la trouve partout, dans l'ordre physique, dans l'ordre intellectuel, dans l'ordre moral, et au-delà de la compréhension humaine, c'est-à-dire qu'à l'origine, la création a été réalisée par cette loi et qu'elle se perpétue par le jeu même de cette loi.

On n'a considéré jusqu'ici que l'infini absolu et le fini, négligeant le fini relatif, qui en est le lien universel. Cela a empêché de voir que toutes les sciences sont les rameaux d'une même tige.

Pascal avait pressenti cette idée intermédiaire en disant : « Les infinis mathématiques en grandeur et en petitesse sont toujours infiniment éloignés de l'Être ou du néant, de l'unité ou du zéro, c'est-à-dire que, dans l'ordre des quantités, l'infini mathématique est réellement un être qui a toujours un commencement, mais qui n'a point de fin. C'est comme la série naturelle des nombres entiers qui a un point de départ fixe et point de limite assignable dans son développement ascendant. Et une fraction périodique est aussi un être qui a un point de départ fixe et qui est sans limite assignable dans son développement descendant.

La langue universelle confirme pleinement cet aperçu de Pascal. Mais il fallait trouver auparavant la loi universelle même de la génération des idées de nombre et de grandeur et, par suite, toutes les idées que l'esprit humain peut concevoir.

Nous partons de l'idée la plus simple : de l'unité numérique, un, ou principe universel.

Nous verrons par la numération même de l'arithmétique, prise comme base de toutes les numérations ou de toutes les parties du discours universel, en quelque langue ou science que ce soit, que les nombres entiers, les fractions et les nombres fractionnaires ne sont que l'unité modifiée et que cette idée unique se trouve à la fois dans tous les nombres et tout entière dans chacun d'eux.

L'algèbre n'est qu'une application littérale du nombre et du jeu de ses modifications.

Le calcul infinitésimal, ou les idées des infinis mathématiques en grandeur et en petitesse, ne sont aussi que des modifications naturelles et nécessaires du nombre, et par conséquent de l'unité fondamentale.

D'où il suit que l'arithmétique, l'algèbre, le calcul infinitésimal ne forment qu'une seule et unique science, nommée par Newton arithmétique universelle, et dans laquelle l'unité est toujours en tout et partout et tout entière dans chaque quantité.

Ces trois sciences ne sont, dans toute leur immensité, que l'unité ou la parole universelle « un » développée et modifiée indéfiniment.

La géométrie et les idées géométriques expriment les diverses modifications de l'étendue, qui ne sont aussi que des modifications du nombre. Dans l'ordre des sciences la géométrie est la modification nécessaire et naturelle de l'arithmétique.

En mécanique, toutes les idées de force, de vitesse, de temps, de mouvement, qui constituent essentiellement cette science, sont aussi des modifications du nombre, et par conséquent de l'unité fondamentale.

La mécanique est une modification nécessaire et naturelle de l'arithmétique et de la géométrie, combinées ensemble ou procédant l'une de l'autre.

La langue des nombres a, comme toutes les langues, neuf parties du discours, qui embrassent la totalité de la science des quantités et un alphabet complet de vingt-sept termes ou pensées élémentaires.

Une loi permanente et invariable se manifeste : c'est que cette idée fondamentale engendre toujours, dans ses modifications successives, ou trois idées, ou six idées, ou neuf idées distinctes, essentiellement contenues en une seule et unique idée.

Elle se manifeste dans la grammaire générale par les trois éléments fondamentaux de toute affirmation ou proposition possible, savoir : le nom, le verbe et l'adjectif. L'origine remonte à la vie absolue, au Verbe essentiel et unique.

Le nom universel, l'absolu, est le principe générateur de tous les noms possibles. Le verbe universel : être, est le principe générateur de tous les verbes possibles. L'adjectif universel : existant, est le principe générateur de tous les adjectifs ou qualificatifs possibles.

Malebranche a entrevu l'universalité de la langue des nombres. « Les idées des nombres, dit-il, sont les règles immuables et les mesures communes de toutes les choses que nous connaissons et que nous pouvons connaître. Ceux qui connaissent parfaitement les rapports des nombres et des figures, ou plutôt l'art de faire les comparaisons nécessaires pour en connaître les rapports, ont une espèce de science universelle et un moyen très assuré pour découvrir avec évidence et certitude tout ce qui ne passe pas les bornes ordinaires de l'esprit. »

Nous verrons que, pour la logique, l'art de raisonner comprend aussi une numération complète de neuf termes significatifs.

Passons auparavant du monde intellectuel dans le monde matériel et examinons la minéralogie.

La minéralogie manifeste aussi, dans ses cristallisations, la numération complète de neuf termes significatifs, dont tous les phénomènes minéralogiques ne sont que le développement naturel et nécessaire.

Laplace avait supposé que la force d'affinité qui produit les divers phénomènes chimiques, et par conséquent la cristallisation, était une modification de la pesanteur universelle, agissant sur les atomes en raison inverse du carré des distances. Cette hypothèse est vérifiée.

Nous verrons aussi que la force de cohésion est une modification de celle d'affinité. En sorte que les trois forces attractives qui agissent dans toutes les parties matérielles de l'univers, pesanteur, affinité et cohésion, ne sont qu'une seule et même force ou l'unité même en action agissant toujours en vertu de son principe de triple égalité, modifié à l'infini.

La mécanique démontre, conformément au traité de dynamique de d'Alembert et l'exposition du système du monde par Laplace, et d'ailleurs comme conséquence nécessaire et naturelle de la génération universelle des idées de nombre et de grandeur « qu'il n'y a point de force possible hors de l'unité, ni de mouvement possible sans l'unité, c'est-à-dire sans que l'unité soit mise en action. »

Il résulte encore de l'identité absolue des deux géométries que l'hypothèse des physiciens sur l'existence des atomes est fondée, et que le système dynamique, avancé par les panthéistes allemands, est radicalement faux.

De cette identité résulte enfin que, pour la compréhension humaine, l'univers physique, considéré dans sa totalité, est essentiellement fini ou limité en étendue. Il est la limite de l'infini, indéfini ou inversement.

Toutes les modifications possibles de la matière ne peuvent former au total qu'une étendue essentiellement finie ou limitée, l'espace dans lequel tous ces êtres nagent n'étant tout au plus lui-même qu'un infini relatif en étendue.

Et comme étendue ou essence même de la matière, ou propriété fondamentale, substratum permanent par lequel elle se manifeste à nos sens et à notre esprit, il s'ensuit que l'univers physique ou l'étendue manifestée pour nous est le dernier terme où le fini par excellence, tout au moins pour notre compréhension et à notre niveau de perception, est exprimé dans la loi universellement agissante de la création.

Il ne peut y avoir aucune force hors de l'unité, ni de mouvement sans qu'elle soit en action, d'où l'étendue matérielle ou, en général, l'être que nous appelons matière, ainsi que toutes les modifications de cet être universel, est dépourvue totalement, par elle-même, de force et de virtualité. Par suite, la langue des nombres dévoile clairement que l'infini absolu, ou l'unité intégrale, est un être universel inétendu, agissant perpétuellement sur la totalité des êtres spirituels ou corporels existant dans la nature, et cela en vertu de son immortel principe, générateur de triple égalité, développé et modifié à l'infini, de sorte que l'absolu est à la fois un esprit, une parole et une force universels.

Les deux termes extrêmes de la loi universelle de la création étant ainsi invariablement déterminés et caractérisés par les rapports infinis ou inassignables qui les caractérisent, l'on détermine, et toujours avec l'extrême simplicité, avec l'extrême évidence qui caractérisent les idées de nombre, l'on détermine la nature relative de l'infini relatif, comparé soit à l'infini absolu, soit au fini. Et comme il y a une infinité d'infinis relatifs, de la même manière qu'il y a une infinité d'êtres corporels finis, la langue des nombres nous dévoile avec sa certitude de rapports et d'approximations qu'il y a neuf classes ou catégories d'infinis relatifs qui sont des êtres essentiellement spirituels, comme les neuf chœurs des anges dont parlent les Écritures, ayant chacun un commencement et jamais de fin sous le rapport de la durée, et qu'enfin il y a une dixième classe d'êtres qui sont mixtes, comme l'homme, composé à la fois d'esprit et de corps, qui complète cette numération des êtres intelligents créés.

Elles attribuent le nombre caractéristique 10 à l'homme, indiquant par là sa double nature et son rang dans la création des êtres spirituels; et ce qu'il y a d'admirable, c'est que la version littérale de la cosmogonie de Moïse sur la création d'Adam lui assigne absolument le même nombre.

L'homme, être mixte, est moyenne proportionnelle entre l'univers physique et l'absolu. L'absolu est à l'homme comme l'homme est à l'univers physique.

La langue des nombres fait connaître par cinq sciences (physique terrestre et céleste, minéralogie, zoologie et botanique) que l'absolu agit constamment dans la création et la conservation des êtres corporels par sa force universelle, en produisant en tout et partout du mouvement raisonné ou calculé, en vertu de son immortel principe générateur de triple égalité modifié à l'infini, c'est-à-dire que la force en vertu de laquelle une pierre pèse sur la terre, la terre sur le soleil, le soleil sur le centre de gravité de l'univers physique, en les faisant d'ailleurs mouvoir harmonieusement dans l'espace, en vertu de la même loi, est identiquement la même force qui fait naître croître et périr le végétal, qui fait naître, vivre et mourir l'animal, agissant ainsi simultanément sur tous les êtres et leurs modifications possibles en vertu de cette éternelle loi.

Arrivé à ce point de vue d'ensemble, on voit d'un même œil : l'absolu qui contient tout, est en tout, est partout et tout entier dans chaque endroit, dans une action perpétuelle, agissant simultanément sur les êtres corporels et spirituels de la création, sur les corps par sa force universelle, sur les esprits par sa parole universelle, éclairant, mouvant et conservant l'univers.

Et à l'instant, la langue des nombres nous révèle que l'absolu est également dans un repos perpétuel, à l'origine même et au centre universel de toute création possible, propriété exclusivement inhérente à l'être des êtres, lui seul dans l'univers pouvant être à la fois en repos et en mouvement, de la même manière qu'il est à la fois en tout et partout et tout entier dans chaque endroit.

La langue des nombres s'applique aussi à la recherche de la génération naturelle et nécessaire des idées grammaticales.

Il en résulte que :

la parole universelle « un », ou l'unité, expression numérique de l'absolu (rapport absolu), principe générateur universel de toutes les mathématiques possibles,

est à la parole « être », « étant », verbe substantif, expression verbale de l'absolu, principe générateur universel de toutes les idées grammaticales possibles,

comme la totalité des idées mathématiques, exprimant les rapports qui s'engendrent les uns les autres en vertu du principe de triple égalité contenu dans la parole « un », développée et modifiée à l'infini,

est à la totalité des idées grammaticales, exprimant des pensées qui s'engendrent également les unes les autres, en vertu du même principe, développé et modifié aussi à l'infini.

Or, dans l'ordre grammatical, la pensée est toujours en rapport déterminé ou indéterminé et, dans l'ordre mathématique, le rapport est une pensée déterminée ou indéterminée, c'est-à-dire limitée ou illimitée. Et c'est une chose merveilleuse à considérer que la même loi qui crée, qui perpétue et qui conserve tous les êtres de la nature est la même loi qui détermine tous les rapports qui existent entre eux, sous quelque point de vue qu'on les considère.

L'idée simple est exprimée par le verbe substantif et prise pour unité parole. L'on en déduit les autres parties du discours.

Le verbe substantif engendre les verbes concrets, les noms.

Le verbe et le nom, séparés ou combinés, engendrent l'adjectif, qui procède également de l'un et de l'autre.

Le verbe engendre, immédiatement après, le participe et la conjonction.

Le nom engendre l'article et le pronom.

L'adjectif engendre la préposition et l'adverbe.

Le mouvement universel de la parole, appliqué à un calcul simple, donne au maximum quarante-cinq termes, nombre consacré dans les sciences et dans les religions.

Le verbe ou l'unité universelle génératrice de la parole, et par conséquent de la pensée, est, à son origine, moyenne proportionnelle entre le substantif et l'adjectif. Ce n'est que par le moyen du verbe que l'on peut connaître le substantif et l'adjectif et leurs rapports.

Dans la langue des nombres, le signe ou l'expression n'entrave jamais le libre essor de la pensée.

12. — *Quelques arcanes de l'Unité.*

La vérité, dont l'homme peut formuler la nuance accessible à son entendement, se résume dans les mathématiques, qui donnent l'expression des rapports invariables, tandis que l'erreur est toujours l'expression d'un rapport dont les éléments sont incohérents, inharmoniques. La vérité seule existe et cela dans l'erreur même qu'elle différencie, comme la lumière éclaire et nuance les ténèbres. L'erreur est toujours une déformation plus ou moins grande de la vérité. Elle n'a pas d'existence profonde comme le vrai qui se confond avec la vie mystérieuse et insondable dont nous ne voyons que la surface et les reflets changeants.

L'existence, l'idée « d'être » et de « pensée » se confond avec cette unité qui est la base des mathématiques et de toute conception humaine, la seule véritable certitude que nous ayons extraite de l'énigmatique nature.

L'unité est l'idée centrale et simple, la base même de toute vérité. Elle est l'infini absolu; qu'il ne faut pas confondre avec l'infini mathématique, dont il y a une infinité. Elle engendre l'arithmétique, celle-ci engendre l'algèbre, qui engendre le calcul infinitésimal. Ces sciences ont une numération commune, donnée par l'arithmétique et qui est composée des neuf premiers nombres et du zéro.

Si nous établissons le schéma suivant :

$$0 \quad 100,0 \quad 10,0 \quad 1,0 \quad 1 \quad 10 \quad 100 \quad 1000 \quad \infty$$

tous les nombres, à droite et à gauche de l'unité, sont des composés de 1. Les fractions sont entre un et zéro. Le cas d'incommensurabilité même, entre le numérateur et le dénominateur, ne fait pas d'exception. On peut avoir alors la valeur de la fraction ou le nombre décimal qui l'exprime, à tel degré d'approximation que l'on veut.

Ces nombres fractionnaires expriment des idées essentiellement composées d'entiers et de fractions.

Le calcul infinitésimal est cette partie de l'arithmétique universelle qui a pour objet la considération de l'infini mathématique.

Pascal a dit : «Quelque mouvement, nombre, espace, temps que ce soit, il y en a toujours un plus grand et un moindre : de sorte qu'ils se soutiennent entre le néant et l'infini, étant toujours infiniment éloigné de ces extrêmes. »

Il s'agit d'ailleurs ici de rapports infinis, le néant se confond avec l'absolu. En tant que néant il ne peut exister. Le néant est impossible.

En géométrie, une quantité est infinie ou infiniment petite à l'égard d'une autre, lorsqu'il n'est pas possible d'assigner une quantité assez grande ou assez petite pour exprimer le rapport de ces deux là, c'est-à-dire le nombre de fois que l'une contient l'autre. Et il n'est pas de quantité si petite ou si grande qu'on ne puisse en concevoir une plus petite ou une plus grande. Nous verrons quelles en seront les conséquences ultérieurement,

L'unité jouit d'une triple propriété : Elle est : 1° le principe générateur des modifications de l'étendue ; 2° elle est
à la fois en tout et partout. 3° elle est néanmoins tout
entière dans chaque endroit.

Le point engendre la ligne, celle-ci engendre les plans,
ceux-ci les volumes. Pour se représenter le point mathématique, on peut concevoir l'intersection de trois plans
perpendiculaires qui appartient à chacune des trois dimensions. Ce point est indivisible. C'est l'abstraction, qui est le
point de départ de toute la pensée humaine, la base de
toutes nos conjectures. Pour un corps en mouvement,
ce point indivisible, cette unité, c'est le centre mathématique qui, dans la chute, tracera une ligne droite idéale.

Il est profondément juste et vrai de dire que l'idée de
l'unité vient de l'absolu. L'idée d'unité, nous l'avons dit,
suppose celle de l'être, car « un » c'est un être et tout est
« un » vis-a-vis de soi-même et de l'absolu. Or, l'être en général, c'est ou l'être nécessaire, ou l'être contingent, mais ce
dernier vient de l'être nécessaire et son idée aussi, toute
idée de l'être en vient. L'être nécessaire, c'est l'absolu en
qui l'idée d'unité a son origine et sa fin.

Le nombre, lui, exprime la pluralité. La série infinie des
nombres, c'est le rapport à la possibilité infinie des êtres
qui ne sont ici que des êtres possibles et contingents. La
possibilité infinie des êtres contingents vient de toute la
puissance de l'absolu, source de tout être, en qui réside
toute idée d'unité et de nombre, idées qui sont engendrées
dans notre esprit par l'absolu, dans lequel baigne de toutes
parts notre relativité.

Toute la géométrie élémentaire peut se construire par la
combinaison des neuf idées essentielles, qui correspondent
pour elle au neuf premiers nombres.

Ce sont : 1° le point, 2° la droite, 3° le cercle, 4° l'angle,
5° le triangle, 6° le polygone, 7° le polyèdre, 8° la circonférence, 9° les corps ronds.

L'unité-point et l'unité-ligne, en mouvement, donnent la

circonférence, qui est faite d'une infinité de points et englobant le cercle, fait d'une infinité de triangles, ayant un sommet commun en l'unité-point.

Le triangle, élément générateur de toutes les modifications de l'étendue, est engendré par l'angle infini relatif, coupé par une droite.

Ce développement par 3, 6, 9 se trouve également dans l'arithmétique, où il y a trois espèces de nombres (entiers, nombres fractionnaires et fractions) et six opérations (addition, multiplication, élévation aux puissances, soustraction, division, extraction des racines) provenant de la combinaison des neuf caractères, ou signes de la numération.

Omnia in mensura et numero et pondere deposuisti.

Le mouvement se mesure par le produit de la masse par la vitesse.

La vitesse égale l'espace parcouru, divisé par le temps.

Le temps égale l'espace parcouru, divisé par la vitesse.

Pas de nombre possible sans l'unité.

Pas d'espace appréciable sans les nombres.

Pas de temps et de vitesse appréciables sans l'espace.

Pas de mouvement appréciable sans la vitesse et le temps.

Les idées de nombre, espace, vitesse, mouvement ne sont que le développement naturel de la parole « un ».

« Ces trois choses, dit Pascal (mouvement, nombre, espace), qui comprennent tout l'univers, ont une liaison réciproque et nécessaire, car on ne peut imaginer du mouvement sans quelque chose qui se meuve et cette chose étant une, l'unité est l'origine des nombres, et enfin le mouvement ne pouvant être sans espace, on voit ces trois choses enfermées dans la première.

« Le temps même y est compris : car le mouvement et le temps sont relatifs l'un à l'autre, la promptitude et la lenteur, qui sont les différences des mouvements, ayant un rapport nécessaire avec le temps.

« Ainsi il y a des propriétés communes à toutes ces choses, dont la connaissance ouvre l'esprit aux plus grandes merveilles de la nature. »

Nous avons également neuf principes de mécanique, issus de l'unité, (forces, nombres, lignes, surfaces, solides, espace, vitesse, temps, mouvement).

Il n'y a pas de force ou de puissance possible hors de l'unité ; il n'y a rien hors du mouvement général, pas de mouvement possible sans l'unité.

Le mouvement, c'est l'unité en action.

Le repos, c'est l'unité en inaction.

L'unité-point, mue par l'unité-force, produit le mouvement uniforme. Le mouvement suppose l'existence antérieure et le concours de l'unité-force, du nombre, de la ligne, de la surface, du solide, de l'espace, de la vitesse, du temps.

On peut voir, avec la même évidence, l'action simultanée des trois sciences dans la détermination du mouvement par une simple application de l'immortelle loi de Newton : les corps célestes sont attirés en raison directe de la masse et en raison inverse du carré des distances.

Soit S unité-force ; de là les nombres 1, 2, 3, 4, etc... X.

La ligne Sh rencontre les perpendiculaires 1, 2, 3, 4, 5, 6, 7 en b, c, d, e, f, g, h, ce qui donne une suite de triangles.

Le carré de chaque hypothénuse est égal au double du carré d'un seul côté.

Du centre S décrivons les cercles bx, cy, dz, etc. avec sb, sc, etc. pour rayon.

Soit : deux corps célestes T et J, attirés par la force centrale S. La force S les attire comme le carré SJ est à ST au carré.

Mais le carré SJ égale le carré de l'hypothénuse Sg ou le double du carré de la ligne S^b, ou le double du carré du nombre 6.

Et le carré ST égale le carré de l'hypothénuse Sd, ou le

double du carré de la ligne S³, ou le double du carré du nombre 3.

Donc, les corps T et J sont attirés par l'unité-force, comme le double du carré de 6 est au double du carré de 3, ou, en les divisant par 2, comme 36 est à 9 ; ou enfin, en raison inverse du carré des nombres, qui correspondent dans l'espace aux circonférences ou lieux occupés par les corps attirés vers le centre commun, origine à la fois et principe générateur des nombres, des lignes et du mouvement que la loi de Newton détermine.

On voit ici l'unité-force engendrer les nombres, les lignes, les triangles ; les hypothénuses engendrent des circonférences, les orbites des corps attirés par la force unité, tout cela, développement de la parole « un ».

Réunissons les 3 numérations, nous aurons :

1	2	3	4	5
unité-point	ligne droite	circonférence	cercle	angle
unité-force	nombre	ligne	surface	solide

6	7	8	9	0
triangle	polygone	polyèdre	corps ronds	0
espace	vitesse	temps	mouvement	0

Si l'on élimine l'unité-point et l'unité-force, comprises dans un, les chiffres, depuis 2, compris dans : nombre, la ligne droite et la circonférence comprises dans : ligne, le cercle, l'angle, le triangle, le polygone, qui sont des surfaces, le polyèdre et les corps ronds qui sont des solides, on a pour résultat final de la numération universelle :

unité nombre ligne surface solide
espace vitesse temps mouvement zéro

L'unité engendre les nombres ; les nombres engendrent les lignes et les surfaces ; celles-ci, les solides, l'espace, la vitesse, le temps, le mouvement, et le mouvement engendre l'univers, tout cela étant considéré comme des modifications de l'unité ou de la Parole.

L'infini absolu est l'idée dont on ne voit ni le commencement ni la fin. L'infini relatif ou mathématique est celui dont on voit le commencement et pas la fin, et le fini est celui dont on voit le commencement et la fin.

L'infini absolu est au relatif comme celui-ci est au fini. C'est la loi universelle de la création.

L'unité se développe donc en vertu de son principe de triple-égalité, en engendrant immédiatement l'idée générale d'égalité, laquelle engendre ensuite, comme modification nécessaire, les idées d'inégalité en plus ou en moins, d'addition ou de soustraction. Additionner ou soustraire, c'est en fait substituer.

On reconnaît, en géométrie, deux espèces d'égalité : celle d'identité et celle d'équivalence. La première a lieu entre les qualités semblables et la seconde entre les dissemblables.

L'égalité d'identité engendre l'idée de l'égalité d'équivalence.

L'égalité d'équivalence engendre l'idée de l'axiome qui se trouve là complètement-résolu, puisqu'on en donne le principe et l'origine, car le théorème de l'égalité de deux quantités dissemblables a été démontré à priori et la rai-. son de cette égalité est donnée par le principe de triple égalité virtuellement contenu dans l'unité même.

$$A = B \text{ et } B = C, \text{ d'où } A = C$$
$$A = B = C \text{ par équivalence}$$
$$\text{et par conséquent } 1 = 1 = 1 \text{ par identité.}$$

D'où l'on voit qu'additionner (et soustraire) c'est en fait substituer. Les deux progressions suivantes figurent la première grande loi d'accroissement et de décroissement.

$$0 . , . . 1. 2. 3. 4. 5. 6. 7. 8. 9. 10. 11. 12. 13. 14. 15. . . . . \infty$$
$$\infty . . . . 15. 14. 13. 12. 11. 10. 9. 8. 7. 6. 5. 4. 3. 2. 1. . . . . 0$$

L'unité est encore ici son principe et sa fin, d'une part génératrice de composition, de synthèse, et d'autre part de décomposition, d'analyse.

D'autre part, on est obligé de croire à la géométrie de la

nature. « Nous avons été conduits, dit l'abbé Haüy, par l'observation et le raisonnement, à reconnaître que les minéraux étaient composés de molécules intégrantes similaires. La manière dont il se divisent mécaniquement nous a prouvé, une fois de plus, que la cause qui sollicitait ces molécules à s'attirer mutuellement, les réunissait, en les alignant sur des plans dans le sens de leurs différentes faces. »

« Telle est l'action de ces lois sur les molécules intégrantes que, lorsque rien ne les trouble, les assemblages de ces molécules se terminent par des surfaces planes, d'où résultent des formes régulières, semblables à celles des solides géométriques. Nous avons de fréquents exemples de cette régularité dans le grenat, la topaze, l'émeraude, la chaux carbonatée, la baryte sulfatée et dans un grand nombre de substances métalliques. »

Ces molécules se réduisent à trois formes : 1° le tétraèdre, 2° le prisme triangulaire, 3° le prisme quadrangulaire, qui engendrent six solides : le parallélipipède, l'octaèdre, le tétraèdre, le prisme hexaèdre régulier, le dodécaèdre rhomboïdal et le dodécaèdre triangulaire.

Le tétraèdre se trouve également dans tous les cristaux qui forment le troisième règne de la nature, et il est tout entier dans chacun d'eux. Il est donc essentiellement l'unité génératrice de tous les milieux possibles.

Il est composé de quatre triangles équilatéraux. Il est le moindre des corps, ou des modifications physiques de l'étendue. Il manifeste, d'une manière aussi éclatante que le triangle équilatéral, qui est la plus simple des modifications de l'espace, l'immortel principe de triple égalité, propriété inhérente et absolue de l'unité mathématique, qui contient également les lois de Képler :

1° Les orbes planétaires sont des ellipses dont le centre du soleil occupe l'un des foyers;

2° Les aires décrites autour de ce centre par les rayons vecteurs des planètes sont proportionnelles au temps employé à les décrire;

3° Les carrés des temps de révolution des planètes sont entre eux comme les cubes des grands axes de leurs orbites. /

D'après Laplace, on n'a pu découvrir le véritable système du monde que parce qu'auparavant on avait découvert les propriétés des sections coniques. Ce fut l'œuvre des Grecs, dont les maîtres initiés, notamment Pythagore, connaissaient les lois astronomiques admises aujourd'hui et notamment les lois qui furent formulées plus tard par Newton.

« Plus la science s'élargit, disait Herschel, plus ses résultats favorisent la croyance, plus les démonstrations de l'existence éternelle d'une intelligence créatrice et toute-puissante deviennent nombreuses et irrécusables. »

D'après les données scientifiques, le système planétaire nous offre quarante-deux mouvements. Envisageons la complexité du mouvement du système solaire : la lune décrit une orbe, qui nous paraît tout d'abord circulaire, autour de la terre, mais, vue du soleil, elle paraîtrait décrire une série d'épicycloïdes, dont les centres sont sur la courbe que le soleil décrit autour du centre de gravité du groupe d'étoiles dont il fait partie. Puis, le soleil lui-même décrit une série d'épicycloïdes, dont les centres sont sur la courbe décrite par le centre de gravité de ce groupe autour de centres de plus en plus puissants. Ce mouvement se continue dans l'infiniment grand, comme dans l'infiniment petit.

Cette intensité de vie se trouve exprimée par Fabre d'Olivet, au sujet du symbole de création perpétuelle : Adam .

« La racine hiéroglyphique d'Adam ם ו א est ו א qui, composé du signe de la puissance unitaire principiante et de celui de la diversibilité, offre l'image d'une unité relative, telle qu'on pourrait l'exprimer, par exemple, au moyen du nombre principe 10, simple quoique composé. Cette racine étant revêtue du signe collectif ם prend un développement illimité, c'est-à-dire que le nombre symbolique 10, étant accordé pour représenter la racine ז א, le signe ב en développera à l'infini la puissance progressive, comme :

. 10, 100, 1.000, 10.000, etc,

La permanence, en tout ceci, est due à la loi des cohésions, qui conserve ce que l'affinité forme.

Les manifestations matérielles de l'absolu résident dans le mouvement.

Les modifications de la force se ramènent à l'action des trois lois : loi de pesanteur, loi d'affinité, loi de cohésion.

La force, en elle-même, est immatérielle. Elle est en tout et partout et indivisiblement dans chaque endroit.

Les trois forces attractives ne sont, au fond, qu'une seule et même force, agissant en tout et partout, en vertu du principe de triple égalité.

Cette pierre pèse sur le sol et se précipiterait au centre de la terre sans les obstacles qui l'arrêtent. De même, la terre pèse sur le soleil, le soleil et son système sur un centre de gravité plus considérable, et ainsi de suite sur le centre de l'univers, où réside le repos absolu. La pesanteur universelle n'est donc qu'une modification de l'unité.

Laplace dit, dans son *Système du monde*, 3, 5 : « Si un corps reçoit une impulsion, suivant une direction qui passe par son centre de gravité, toutes ses parties se meuvent avec une égale vitesse. Si cette direction passe à côté de ce point, les diverses parties du corps ont des vitesses inégales, d'où résulte un mouvement de rotation du corps autour de son centre de gravité, en même temps que ce centre est transporté avec la vitesse qu'il aurait prise, si la direction de l'impulsion eût passé par ce point. » C'est le cas pour les planètes et probablement aussi pour le soleil.

Les deux forces, centrifuge et centripète, peuvent être considérées comme transformées en une seule et unique force résultante. Elles proviennent d'une force unique : « la pesanteur universelle. »

L'infini absolu est à la fois et constamment en répos et en mouvement,

Remarquons encore des correspondances du ternaire en chimie, en botanique et en histoire naturelle.

En chimie : 1° la pesanteur qui ne donne pas de changement sensible des deux corps en présence; 2° l'affinité qui produit un changement des deux dans leur constitution intime; et 3°, par catalyse, le changement d'un seul.

En botanique, les trois catégories d'acotylédonés, de monocotylédonés et de dicotylédonés.

En histoire naturelle, Constant Duménil, un élève de Cuvier, établit neuf classes animales : 1° mammifères ; 2° oiseaux ; 3° reptiles ; 4° poissons ; 5° insectes ; 6° crustacés ; 7° vers ; 8° mollusques ; 9° zoophytes.

13. — *La Parole*. — *Les mystères du Verbe.*

> Il y a des propriétés communes à toutes choses, dont la connaissance ouvre l'esprit aux plus grandes merveilles de la Nature.

Le doute ne nous quitte que lorsqu'on a douté de lui et trouvé la certitude. La certitude est presque informulable, humainement parlant, puisque nos plus grandes certitudes, réalisées par les mathématiques, aboutissent toutes à ce dilemme, qui en est la base et le point de départ : l'unité est le centre inévitable de tout raisonnement chiffré. Or, qu'est-ce que l'unité ? C'est l'abstraction de l'abstraction. Et où réside-t-elle ? Partout, car on peut prendre n'importe quel nombre comme unité.

Et voilà que s'écroule tout l'édifice des sciences humaines, qui étaient sensées tout contenir et qui ne sont que d'ingénieuses et superficielles hypothèses.

Avant de développer ce point de vue, revenons à la forme simple du verbe dans le langage humain.

La parole humaine se manifeste oralement, par gestes et par l'écriture.

Le verbe en est l'expression centrale et essentielle. Il a trois sens absolus et invariables dans toutes les langues :

1° C'est d'abord le principe générateur universel, l'absolu ;

2° L'existence elle-même, la vie du principe générateur des existences ;

3° L'affirmation nuancée et variée des divers modes possibles de l'existence : a été, est, sera.

Le verbe essentiel, le substantif « être » se manifeste en tout :

1° Je suis, je parle ;

2° A moi-même, à quelqu'un, à quelque chose ;

3° De moi-même, de quelqu'un, de quelque chose.

Les autres verbes en sont des modifications adjectives.

Je suis = un.

Le verbe est toujours inhérent au nom qui exprime l'être. Nommer, c'est affirmer ; exemple : Paul, Paul est.

L'adjectif indique une qualité, une propriété, une manière d'être. Il présente trois sortes de qualités : 1° couleur, forme, aspect ; 2° qualités actives ; 3° qualités passives.

Le nom du sujet devait servir de cadre à celui de la qualité pour que le modèle et l'image n'eussent rien de différent.

Les nombres, rapports, modifications de l'unité en sont les adjectifs.

La parole engendre le nom, et le verbe et le nom engendrent l'adjectif, la différenciation.

C'est par le participe que l'idée de l'adjectif est essentiellement contenue dans celle du verbe. Le participe engendré par la parole est : 1° présent ; 2° passé ; 3° futur.

La conjonction qui lie en est également issue. C'est une dérivation elliptique du verbe.

Le nom est au verbe comme le verbe est à l'adjectif.

Le nom engendre le verbe, comme le verbe engendre l'adjectif.

L'absolu engendre le verbe, comme le verbe engendre tous les rapports existants.

Le verbe doit être moyenne proportionnelle entre le substantif et l'adjectif.

Mais si nous passons du verbe parlé à la grande initiation du verbe de l'univers, quels abîmes franchira notre pensée ! Pour avoir le sens, tout au moins un sens suffisamment intelligible de l'absolu, il faut sentir l'absolu. C'est là un sens supérieur, lentement acquis par l'être dans son évolution éternelle, initiation à laquelle tous sont appelés par les lois de la Nature et qu'ils peuvent se hâter d'atteindre par leurs efforts de développement de la vie intérieure. C'est de là que viennent les pouvoirs étonnants que l'on admire chez les grands hommes, ceux qui savent, ceux qui produisent des œuvres fécondes, ceux qui vivent de la vie intérieure, de la vie intense.

La pensée, trame secrète qui exprime en nous le rapport que nous concevons des choses, est une langue intellectuelle qui s'apprend, se développe, s'oriente, se perfectionne. La connaissance, la sagesse, l'initiation sont également un langage, mais elles sont aussi supérieures à la Pensée que la pensée l'est à l'instinct. Cette divine et mystérieuse grammaire s'acquiert, ce langage s'apprend. La connaissance met aux mains de l'initié une épée flamboyante avec laquelle il tranche et éclaire tout. Il ne monte pas au ciel pour en descendre ; il y est, contemple et se tait. Il voit, il sait, il aime, il vit dans l'éternelle splendeur de la vérité, enfin conquise. Il n'a pas le dédain des croyants pour ceux qui ne croient pas comme lui ; il n'a pas le silence du voyant, il écoute en lui les voix de l'infini et la réponse se fait en lui, de plus en plus précieuse et délicieuse.

Le doute n'est pas un obstacle, un ennemi pour l'initié.

Il sait que le doute est la voie de l'analyse qui conduit aux vraies certitudes. Il accepte tous les combats de la pensée, sûr de les résoudre tous dans l'harmonie. Il ne s'emporte pas, ne blâme pas par reproche, il plaint, console et relève. Il n'a pas l'aigreur d'un agresseur acharné ou subtil. Il possède la lumière et il en a la douceur pénétrante, patiente et réchauffante.

Le doute n'est ni une impiété, ni un blasphème, ni un crime ; il est une transition, une période d'examen plus ou moins longue et douloureuse. La négation n'est pas plus possible que le néant. Elle est la forme la plus précise du doute ou de l'ignorance. On nie ce qui semble inexplicable, jusqu'à ce que l'on ait peu à peu pénétré dans cet inconnu

La matière aboutit à l'intelligence dans l'homme, et l'intelligence aboutirait au néant !

Si l'absolu semble incompréhensible, il se révèle en chaque chose, subtil créateur et habile ouvrier. Pourquoi la Nature s'arrêterait-elle à l'homme ? Si elle n'est convaincante, cette remarque mérite pourtant réflexion.

On ne peut nier ce qu'on ne comprend pas. Aucun esprit humain ne peut s'identifier avec toutes les créations terrestres ; à plus forte raison ne peut-il saisir les rapports qu'il pressent entre ces créations.

Une chose écrase l'homme, c'est l'infini. Conséquemment, comment l'homme voudrait-il, lui, fini, avoir une entière connaissance de l'infini, qui lui permettrait d'affirmer ou de nier, en connaissance de cause, dans le langage humain ? Si nous ne pouvons embrasser les rapports de l'infini, comment saisirions-nous sa cause première et absolue ? N'est-il pas mystérieux que l'homme ne comprenne pas tout ce qu'il peut percevoir et qu'il ne perçoive pas tout ce qu'il peut comprendre ? La vie mystérieuse de la nature, qui nous entoure de son énigme, qui vit même en nous, nous échappe, et nous demandons aux étoiles leur secret ! Pourquoi ne pas admettre que, si la matière se termine en homme par l'intelligence, la fin de l'intellect humain est l'épanouissement de la conscience, de la pensée dans la lumineuse splendeur des sphères supé- rieures, où l'âme puise l'intuition des vérité transcendantes, qui restent inaccessibles à ceux qui rampent dans la nuit d'en bas. Nous avons l'intelligence des mondes que nos frères inférieurs, les animaux, n'ont apparemment pas, et il n'y aurait pas d'êtres supérieurs à notre médiocrité ! Avant de s'employer à toiser l'inconnu et à le nier, l'homme ne devrait-il pas se connaître lui-même? Ne doit-il pas étayer les certitudes touchant à la vie qui l'entoure avant de souffler sur les étoiles pour les éteindre ?

D'ailleurs, l'homme croit à quantité de choses qui n'ont pas de fondement sérieux. Nous avons dit, au début de ce chapitre, qu'il n'y avait pas de certitude scientifique et que les mathématiques étaient pour nous l'hypothèse la plus approchée de la formule du vrai absolu. A combien de fictions ne croyons-nous pas fermement? Pourquoi alors douter en niant, plutôt que d'avouer sa faiblesse et son ignorance ?

Pour ce qui est du nombre, où commence-t-il, où finit-il? Ici, c'est le Temps, l'Éternité; là, c'est l'espace sans limites. Lui seul différencie, qualifie. Il régit la matière aussi bien que l'esprit, et l'esprit ne le comprend pas. Est-ce l'expres- sion de l'absolu, le voile sous lequel il se dérobe? Est-ce un souffle émané de lui pour organiser l'univers matériel, où rien n'obtient sa forme, n'existe que par des rapports mathé- matiques? Ne différencie-t-il pas l'infiniment grand et l'infiniment petit qui, sans lui, se confondraient? L'infini est certain pour notre esprit, mais nous ne pouvons pas le prouver. Il existe et ne se démontre pas, il ne se formule pas, il s'ébauche très grossièrement par le faible regard que nous élevons vers l'espace sans bornes.

Et, à côté de ce nombre, voici le Mouvement. L'Absolu est un nombre doué de mouvement. Il dépend de l'Unité, qui, sans être un nombre, les engendre tous. L'Absolu est l'Unité magnifique qui engendre toutes les créations, avec lesquelles il est en contact, et il ne peut y en avoir de plus intime que par ses lois éternelles.

Si l'homme ignore où commence et où finit le nombre, il ne sait pas davantage où commence et où finit l'éternité créée. L'univers créé n'est-il pas placé entre l'infini des sphères divines et l'infini des substances organisées, comme l'unité est entre l'infini des nombres entiers et l'infini des fractions décimales?

L'homme seul comprend le nombre, et déjà sa faculté de concevoir y sombre. Que serait-ce si on le plongeait dans les abîmes du Mouvement, cette force qui organise le nombre? Que serait-ce si nous saions que le mouvement et le nombre sont engendrés par le Parole, qui n'est encore à l'absolu que ce que notre parole est à nous-mêmes?

La Parole, raison suprême des initiés, dont se rit l'ignorance des hommes, chez qui, pourtant, toutes les œuvres procèdent de la faible parole humaine, et qui, sans cette faible parole, ressembleraient à l'homme des bois; la Parole, mystère vivant, merveille inexprimable pour nous, source de toute lumière, voix de l'avenir, du bonheur qui nous appelle par l'effort du progrès vers la réalisation de toutes les possibilités des félicités toujours grandissantes qui germent en nous, la Parole est la voix mystérieuse, l'âme de la Nature.

L'homme croit au nombre et au mouvement, mais le nombre s'adapte aux créations physiques. Que dire de l'organisation du monde moral? La numération arithmétique devrait être absolue, si elle en était l'expression, mais elle est purement relative. Elle est impuissante à chiffrer les substances organisantes, qui sont infinies, ou qui plongent dans l'infini par quelque côté. L'homme perçoit l'infini par son intelligence, mais il ne saurait le concevoir tout entier et encore moins le manier. Notre numération est donc vraie, par rapport au domaine de nos perceptions, mais inexacte par rapport à l'ensemble qu'elle n'embrasse point.

La Nature n'est d'ailleurs jamais semblable à elle-même

dans ses effets finis. On n'y trouvera jamais deux objets
identiques. Dans l'ordre naturel, deux et deux ne font
jamais quatre. Il n'y a pas deux feuilles d'arbres identiques. Dans le domaine moral, il n'y a pas deux idées,
deux sentiments égaux. Tout y est relatif aux caractéristiques de l'individu.

Les pièces de monnaie ne sont pas absolument identiques, quoiqu'on les ait couvertes d'une égale valeur, et
surtout, le ducat du pauvre n'est-il pas l'équivalent de
nombreux ducats du riche ? Pour le trésor public ils sont
égaux, mais pour le penseur quelle différence !

La fraction n'existe pas non plus dans la Nature. Tout
y est entier. Elle n'existe pas davantage dans l'ordre
moral. Les sentiments, les idées sont toujours entiers.

Nous ne connaissons donc qu'une faible partie du
nombre. Si nous passons au nombre manifesté par le mouvement, corporisé, nous savons en géométrie que le plus
court chemin d'un point à un autre est la ligne droite, et
l'astronomie nous montre que les astres ne procèdent que
par courbes. Le boulet que l'homme veut envoyer à son
ennemi décrira une parabole. Il semble que la courbe soit
la ligne des mondes matériels et la droite la ligne des
mondes spirituels. Entre ces deux lignes est un abîme,
comme entre le fini et l'infini, la matière et l'esprit, abîme
que comble le nombre animé de mouvement.

Au delà de cet abîme commence la révélation du verbe.
Les monuments de la pensée humaine sont basés sur l'ar-
gile instable de son ignorance de la vérité profonde. La
science humaine ne voit que la surface des choses, n'en
combine que les apparences. Elle voudrait que les choses
lui disent leur secret, sans le chercher elle-même, et la
Nature donne à chaque pas des démentis à toutes ses lois.
Un simple fluide fera sauter une montagne, l'optique et
l'acoustique sont soumis à mille aberrations des sens. Et
la chimie mystérieuse de la Nature, qui en dira le secret?
Pourquoi et comment produit-elle le rubis, le saphir,

l'opale, l'émeraude sur les ailes et la gorge des oiseaux des tropiques, alors que les ailes restent grises ou blanches dans nos régions ? La couleur est-elle une faculté dont sont doués les corps ou bien est-elle un effet produit par l'affusion de la lumière et par sa diffusion ? On découvre, dans ce que l'on croyait être le vide, des substances de plus en plus nombreuses. Les modifications chimiques se constatent. On y croit, mais on ne les explique pas. L'attraction, la vibration, la cohésion et la polarité ne sont que des phénomènes. La vie est la pensée des corps qui sont des cadres passagèrement destinés à la fixer pour l'évolution de ses éléments. On croit au pouvoir de l'aimant, de l'électricité et l'on ignore celui de l'âme. La physique commence par un acte de foi à l'égard de la force qui anime les corps, mais quelle est cette force ? On l'ignore, et on croit tout savoir !

Pour avoir le véritable sens des lois phénoménales, il faudrait connaître, les corrélations qui existent entre les phénomènes et les lois générales d'ensemble ; c'est ce que l'universalisme réalisera par la méthode éclectique, centralisatrice et ascendante.

Tout est cause et effet réciproquement. Les rapports qui relient les choses échappent encore à la science humaine qui n'observe que les effets. Les lois astronomiques nous montrent l'équilibre entre les parties, mais où va le tout ? Que dire, d'ailleurs, de l'inextricable enchevêtrement régulier et ordonné qui confond l'observateur céleste. Les étoiles sont comme les fleurs sans cesse renaissantes d'une prairie sans fin. L'ordre de leur marche est maintenu par la Parole sans laquelle le chaos règnerait.

Si la science humaine était tout, les grands messies de l'humanité auraient éclairé les obscurités de nos sciences. Mais elles ne sont que le vêtement de notre ignorance. Les empires ont passé. Les seuls souvenirs qui nous en restent sont précisément les noms des bienfaiteurs, guides et éclaireurs de notre humanité. Au-dessus des sciences de la matière, il y a les sciences de l'esprit. Derrière les corps, il faut voir les forces qui les génèrent et les dirigent.

L'absolu ne crée pas, ce serait l'amoindrir. On ne peut concevoir qu'une seule substance et du mouvement, puis des rapports continus, résultats d'affinités naturelles.

La musique, par exemple, ce langage céleste, est composée de sons harmonisés par le nombre. Le son est une modification chimique de l'air, ce laboratoire permanent de la Nature, dont le travail échappe à nos yeux.

Les sciences actuelles sont de vaines ombres auprès des lumières de la vérité. Pour connaître cette vérité, c'est à nous de tendre vers elle et non pas à elle de s'abaisser jusqu'à nous. A l'observation patiente et scrupuleuse de la Nature, il faut ajouter l'initiation intérieure qui donne la véritable voie à suivre pour la recherche de l'absolu.

14. — *Les Abîmes. — L'Infiniment grand et l'Infiniment petit. — La Vie intérieure des choses et des êtres.*

Si le vertige s'empare de l'homme en présence des précipices que les caprices de la Nature a creusés dans l'écorce terrestre, de quelle émotion plus considérable le penseur ne sent-il pas son cœur étreint, à l'aspect des abîmes de l'espace où sa vue se perd et où son esprit essaie en vain de saisir la notion troublante de l'infini !

Impossible d'avoir une idée précise de ce gouffre de mystère. C'est à peine si l'imagination la plus fertile peut en avoir une impression fugitive. Supposons que nous quittions la Terre avec la vitesse de l'éclair qui franchit des milliers de lieues par seconde. En quelques instants, la Terre ne nous apparaîtrait plus que comme une pâle étoile. Le Soleil lui-même décroîtrait dans notre champ visuel, pour s'effacer à son tour, quand nous aurions atteint les étoiles lointaines que nous distinguons à peine d'ici. Animés toujours de la vitesse de l'étincelle électrique, nous parcourions sans cesse des nébuleuses nouvelles, sans jamais trouver de bornes à notre féerique voyage. Il y a quelques minutes à peine que nous avons quitté la Terre et malgré les centaines de millions de lieues parcourues, malgré les milliards de mondes rencontrés, nous n'avons pas avancé d'un pas. Nous pourrions continuer pendant des siècles sans avancer davantage dans l'univers.

Lève les yeux, homme mon frère, à l'heure où tout repose, à l'heure où la Terre se tait et se recueille en frissonnant dans la nuit. Tu es ému par cette sombre clarté qui tombe des étoiles. Les astres scintillent au firmament. Le télescope fouille les horizons, sans leur trouver de bornes. Partout des gerbes d'astres, des profusions de soleils, d'éclat et de couleurs variables. Et tout cela vibre, scintille, respire et vit. Cette poussière céleste est faite de mondes presque tous plus considérables que notre faible Terre et dont beaucoup équivalent à des milliers de soleils comme le nôtre. Quel langage terrestre pourrait décrire leurs merveilles? La lumière, rapide voyageuse, nous raconte l'histoire ancienne de ces mondes et il en est de si éloignés qu'ils n'existent plus au moment où les rayons, émanés d'eux, atteignent le sillage de la Terre. Il en est même dont la lumière ne nous parviendra jamais.

N'est-ce pas l'abîme, l'abîme sans fin dans l'espace, sans terme dans le temps? La Nature soulève imperceptiblement son voile de ce côté et déjà nous sommes anéantis par sa majesté et son mystère!

Et, sur tous ces mondes, des humanités gravitent, adaptées à leur milieu, plus ou moins avancées sur l'échelle indéfinie d'ascension vers le bonheur.

Sans nous éloigner de notre système planétaire, nous avons de quoi nous confondre d'admiration. Les mondes supérieurs à notre planète connaissent des félicités insoupçonnées ici-bas, sauf par la lucidité momentanée des grands inspirés de l'art, des lettres ou de la science.

Et ce fourmillement de mondes se croise, s'enchevêtre, évolue avec ordre et méthode, gravite éternellement sous l'empire d'une loi de circulation universelle, dont les mystérieux ressorts animent tout l'univers. Une même attraction les ébranle, une même cohésion les étreint, depuis l'astre jusqu'à l'atome, astre minuscule, aussi mystérieusement combiné et merveilleusement conduit que son frère géant dans l'orbe de sa destinée. Les souffles de l'abîme fécondent ces univers éternellement.

Et l'homme s'éveille à la compréhension du rôle qu'il joue dans l'immensité. Il aperçoit les avenirs grandioses qui l'attendent et qu'il saura atteindre, par ses efforts ascensionnels. Une voix secrète, de plus en plus nette, de plus en plus riche en impressions pressenties, lui fait deviner le perpétuel attrait du fonctionnement constant, auquel il est appelé pour toujours.

La Terre lui apparaît comme l'asile de son futur bonheur. Il sent que son rôle est d'améliorer son sort en travaillant au progrès de l'humanité, à laquelle il reste étroitement lié. Il sait que ce progrès sera l'œuvre bénie qui transformera les larmes douloureuses en chants d'allégresse. Il se sentira l'ingénieur de ce monde dont la destinée lui est confiée.

A cet effet, la Nature l'a merveilleusement pourvu. Le corps humain, laboratoire vivant, est l'instrument merveilleux, mis au service de l'intelligence humaine, pour faire surgir peu à peu une civilisation de plus en plus parfaite.

Ce corps humain est lui-même un prodige surprenant. Quelle subtile organisation ! Quelle adaptation ingénieuse aux efforts d'évolution nécessaires et appropriés au milieu ! Quelle subtile édification d'organes à la fois délicats et vigoureux ! Quelle horlogerie miraculeuse, auprès de laquelle pâlissent tous les résultats de l'industrie humaine.

Le sens de la vue, si parfaitement servi par la plus belle de ces merveilles de la nature humaine, par l'œil, nous fait pénétrer dans un monde de mystère, aussi troublant que l'était pour nous la perspective, vite insaisissable, de l'infiniment grand. Armé d'un microscope, l'œil découvre un fourmillement d'espèces et de races, dont le nombre, la perfection ne le cèdent en rien au monde géant des univers. Chaque atome de poussière, chaque goutte d'eau est un monde parfaitement constitué, un univers également sans limites, où les perspectives fuient et se perdent dans le mystère de l'absolu. Les lois qui gouvernent l'infiniment petit sont aussi précises que celles qui régissent l'infiniment grand. Ce sont les mêmes lois qui dirigent l'ensemble des êtres et des choses connues et inconnues. Des milliers d'infusoires gravitent dans notre sang, constituent nos tissus, ainsi que tout ce qui nous entoure. L'aile d'un insecte sert de gîte à des millions de parasites, et ainsi de suite. Et tous ces êtres ont un système nerveux, une organisation complète, vivent dans tous les coins des univers. Le fond des océans fourmille d'une vie intense. On y trouve, sous la pression inouïe de 7.000 mètres de profondeur et davantage, là où les objets lourds restent en suspens, des êtres délicats, adaptés à ces milieux.

La vie y pullule sous les formes les plus inattendues, notamment ces Isis gorgonides, sortes d'arbustes lumineux, éclatants, d'une coloration merveilleuse, féerique, qui vivent dans ces abîmes, produisent une lumière et ont des yeux pour la voir.

Partout, universellement, dans le monde visible et dans l'invisible, une fécondité sans bornes préside à la gestation des êtres, à l'enfantement perpétuel des cycles de vie. Partout se répète, sous les formes les plus variées, l'éternel mystère de la graine devenue l'épi lourd de germes nouveaux, du gland devenu chêne, du bouton devenu fleur ou fruit, de l'enfant devenu homme, de la jeune fille devenue mère. Partout des genèses fermentent au sein des univers, des matrices de mondes engendrent dans les profondeurs du firmament. C'est partout la vie intense, débordante, la vie continuée, multipliée. De degrés en degrés, de règne en règne, par une gradation ascendante et continue, la Nature s'essaye à des ébauches constamment retouchées. Elle se manifeste, de formes en formes, depuis les aspects rudimentaires en apparence jusqu'aux plus complexes. L'homme est ainsi placé entre deux infinis, dont il commence à avoir conscience. C'est l'échelle éternelle des êtres.

Une loi centrale régit le monde. La loi de substance établit l'universelle unité du fluide éthérique qui produit, par ses combinaisons infinies, la multiple variéte des corps. Cette substance universelle vibre sous l'effort intelligent des forces directrices de la nature. Elle produit, selon l'intensité de ses vibrations, de la chaleur, de la lumière, de l'électricité ou d'autres forces radioactives. Que les forces se condensent, se subliment et aussitôt les formes apparaissent. Et toutes ces formes s'enchaînent, toutes ces forces se combinent, s'enchevêtrent, fusionnent, se séparent et se réunissent, en de perpétuelles associations d'efforts et d'échanges, solidairement graduées et constamment modifiées comme à la recherche d'un meilleur équilibre. Des abîmes de la matière, des règnes minéraux au règne végétal, de celui-ci au règne animal, à l'homme et aux règnes supérieurs. l'immense laboratoire s'agite, dans un rythme perpétuellement changeant et progressif. La matière s'épure, la force s'intelligencie, la pensée se raffine, sous l'effort incessant d'une loi puissante et souveraine, qui règle le monde des formes, tandis qu'une trame invisible les unit et les enchaîne, enserrant les âmes.

De cette effervescence colossale, une immense aspiration de vie, une irrésistible soif de bonheur, une espérance sans limites, un désir d'idéalisation toujours plus puissante et élevée monte comme une prière grandiose vers l'absolu, vers la perfection. La divergence des effets n'est qu'une apparence due à la faiblesse de nos conceptions humaines. En réalité, toutes ces traductions de la vie, tous ces aspects divers convergent vers les causes secondes qui, elles-mêmes, convergent vers l'absolu, centre unique et universel où tout se lie, où tout naît, où tout meurt et renaît sans cesse, pour manifester la grande loi d'amour, qui enfante l'univers sans commencement ni fin.

Cette loi universelle étreint l'homme depuis le berceau jusqu'à la tombe. Elle le guide dans la nuit d'ici-bas vers le bonheur réservé à tous ceux qui le mériteront, au fur et à mesure de leurs efforts.

Grâce à la loi d'amour, tout se lie, tout se tient intimement, c'est-à-dire qu'il n'y a pas un atome qui n'ait sa fonction, son but, sa destinée, et c'est à travers un réseau, qui vous paraîtrait inextricable, que sillonnent, à travers toutes ces masses qui vous paraissent confuses, les nombreux agencements dont vous êtes quelquefois l'agent principal, quelquefois l'intermédiaire seulement, parfois le point de départ, ou d'autres fois l'aboutissement.

Et tout cela, nous l'avons vu, fonctionne, s'entre-croise, se marie, s'identifie, se substitue, s'élargit, s'amoindrit, se rapproche, se vivifie, se décuple, etc., selon la formule : « harmonie universelle. »

Aucun heurt, aucun choc, aucune déperdition, aucune défaillance, aucune désertion ne sont admis dans le grand programme de l'évolution générale de ce qui est.

Et notez que les contradictions, les antithèses, les oppositions, les absurdités, qui paraissent souvent nous frapper ne sont, croyez-le bien, que des apparences, des surfaces, dont nous ne pouvons sonder l'énigme, parce que, non seulement nous sommes la plupart du temps de simples instruments d'un outillage plus ou moins parfait, mais encore et surtout parce que la finalité des choses, ainsi que les lois qui les régissent, nous échappent totalement et, pour longtemps encore, resteront mystérieuses et cachées à nos yeux.

Conséquemment, et très souvent, des résultats nous paraîtront paradoxaux ou arbitraires avec nos moyens d'investigation, alors que ces paradoxes, ces inconséquences ne sont, au contraire, que l'expression pondérée de faits vrais et justes. Nous disons tout cela pour bien comprendre que tout ce qui arrive arrive bien comme amené par la volonté supérieure qui dirige l'univers.

Cela ne veut pas dire que nous ne devions pas bien examiner de près tout ce qui arrive et qui nous frappe, car nous avons notre raison pour cela, et c'est précisément pour faire évoluer le cerveau et la puissance mentale qu'il est imposé à l'homme de ne rien laisser passer sans soumettre tous ces faits au crible de l'analyse.

Il est bien entendu que souvent notre raison ne saisira pas, malgré notre logique et notre sagacité. Maintes fois même, on renoncera, dès le premier instant, à pousser plus avant le raisonnement. Mais il ne faut pas s'y arrêter. Il faut chercher à comprendre, et c'est avec cette méthode d'investigation, qui ne peut aller qu'en se développant, que l'on arrivera, par la suite des temps, à élargir ses moyens, ses connaissances scientifiques et morales, afin de se préparer à recevoir la connaissance de ce qui nous est encore caché.

Il est bien entendu que nous parlons là de tout ce qui se manifeste à nos yeux : sciences, arts, économie, philosophie, morale, industrie, commerce, éducation, en un mot tout ce qui est pour nous constant et journalier. Tout cela, disons-nous, entre dans le programme envisagé plus haut. Il y a même jusqu'aux plus infimes actes ou détails de la vie banale courante qui ont leur part voulue dans ce tout. Donc rien d'inutile, rien de superflu. Tout est parce que tout doit être. Plus tard seulement nous saurons pourquoi.

Par conséquent, et comme conclusion, ne taxons d'absurde quoi que ce soit, ne frappons d'anathème aucune idée, car sachons bien nous pénétrer de ce fait que l'absolu ne sau-

rait être de notre domaine courant et immédiat. Toute
erreur, quelque lourde soit-elle en apparence, contient, après
examen par nos moyens, serait-elle cachée à nos yeux, une
part de vérité. En ce sens l'erreur est le chemin de la vérité, que le progrès de l'être nous révèlera de plus en plus.

« Chaque sphère de l'être, dit Frédéric Amiel, tend à
une sphère plus élevée et en a déjà des révélations et des
pressentiments. L'idéal, sous toutes ses formes, est l'anticipation, la vision prophétique de cette existence supérieure
à la sienne, à laquelle chaque être aspire toujours. Cette
existence supérieure en dignité est plus intérieure par sa
nature, c'est-à-dire plus spirituelle Comme les volcans
nous apportent les secrets de l'intérieur du globe, l'enthousiasme, l'extase sont des explosions passagères de ce
monde intérieur de l'âme, et la vie humaine n'est que la
préparation et l'avènement de cette vie spirituelle. Les
degrés de l'initiation sont innombrables. Ainsi, veille, dis-
ciple de la vie, chrysalide d'un ange, travaille à ton éclosion future, car l'odyssée divine n'est qu'une série de
métamorphoses de plus en plus éthérées, où chaque forme,
résultat des précédentes, est la condition de celles qui suivent. La vie divine est une série de morts successives où
l'esprit rejette ses imperfections et ses symboles et cède à
l'attraction croissante du centre de gravitation ineffable,
du soleil de l'intelligence et de l'amour. »

15. — *La grande loi d'Évolution intègrale. — Le Darwinisme intègral. — Les Vies successives. — L'Enchaînement ascendant des règnes de la Nature.*

« La vie est un conte que l'on a déjà lu. »
(SHAKSPEARE.)

D'après Darwin, l'homme descend du singe. Les simili-
ludes physiques sont, en effet, très grandes entre eux. Quoi

qu'il en soit, le chaînon n'est pas trouvé, malgré les recherches qui exercent depuis longtemps la sagacité des
anthropologistes.

En 1856, on découvrit à Néanderthal, en Allemagne, un
débris fossile que l'on reconnut comme provenant de la
voûte cranienne d'un être disparu et qui semblait avoir été
supérieur au singe et inférieur à l'homme. Mais le débris
était insuffisant et on n'acquit aucune certitude satisfaisante.

Plus récemment, vers le milieu de l'an 1908, les abbés
Bardon et Bouyssonie trouvèrent, à la Chapelle-aux-Saints,
dans la Corrèze, des débris et ossements fossiles d'un intérêt plus considérable. M. Boule, professeur de paléon-
tologie au Muséum d'histoire naturelle, parvint à reconstituer le crâne de cet ancêtre préhistorique, après avoir
été vivement frappé de sa parenté avec le fragment de
Néanderthal.

La restauration en fut présentée à l'Académie des
sciences, le 14 décembre 1908, par M. Ed. Perrier, qui
exposa les caractéristiques qui rattachent l'être en question au singe d'une part, à l'homme de l'autre. La voûte
cranienne rappelle celle du gorille, les os de la face évo-
quent l'aspect du chimpanzé, le trou occipital est analogue à celui des singes, les orbites sont très accusées,
le menton est fuyant et la mâchoire s'allonge comme un
museau. Enfin, la difficulté de se tenir debout établit, avec
les caractères précédents, les éléments de ressemblance
avec le singe. Mais le développement de l'appareil céré-
bral est celui de l'homme, d'un homme qui, d'après la disposition des os de la face, ne savait pas, ne pouvait pas
sourire.

Cette découverte a été faite dans le terrain dit pléios-
cène, qui est situé à l'étage supérieur des terrains tertiaires,
ce qui classe cet être à l'époque du mammouth. Elle ne fait
que confirmer la théorie de Darwin en la complétant.

Darwin a mis un terme à la légende puérile de la création préconisée par la théologie primaire. Il a demandé à l'observation des lois naturelles quel était le ressort de l'évolution des espèces, lois fondamentales de sa doctrine qui sont : la lutte pour la vie, l'hérédité, la sélection naturelle.

Ces lois sont exactes en elles-mêmes, mais les déductions qu'en dégagent les disciples du darwinisme ne cadrent plus avec le caractère synthétique de la doctrine de l'évolution, du transformisme, en ce sens qu'ils prétendent, à tort, faire descendre l'homme du singe et du singe exclusivement. Ce qu'il est exact d'admettre, c'est que l'homme vient du singe, monte du singe plutôt qu'il n'en descend, et, qu'en outre, les autres espèces d'animaux fournissent leur contingent à l'humanité.

Il y a des formes d'existence inférieures à la matière terrestre et qui échappent à nos sens, comme les sons que nous n'entendons plus au-dessous de trente-deux vibrations.

Il y a des formes d'existence supérieures, dont nos faibles conceptions ne peuvent se faire une idée exacte, mais que pressentent nos aspirations les meilleures. C'est vers ces formes élevées de l'existence que nous tendons. C'est à plus de vérité, plus de bonheur et de lumière que nous sommes destinés, si nous voulons nous en donner la peine, sinon la douleur, sous toutes ses formes, viendra nous aiguillonner.

La vie se présente sur notre planète dans une succession de quatre règnes entre lesquels il n'y a d'ailleurs pas de solution de continuité. Ils correspondent aux types éternels de la vie. Ils se lient et se succèdent étroitement les uns les autres.

Il y a, entre le minéral et le végétal, des êtres intermédiaires qui tiennent des deux, comme les polypes, les étoiles de mer, les méduses qui se rapprochent du règne animal. Il existe des êtres à moitié végétaux et à moitié animaux, des plantes qui se nourrissent d'insectes et d'oiseaux. En Tasmanie vit un animal bizarre qui en est originaire. C'est l'ornithorynque, sorte de rat, à moitié mammifère, qui pond des œufs, allaite sa progéniture et dont la fourrure ressemble à des plumes.

Tout ce qui existe forme une longue chaîne vivante d'êtres qui évoluent en traversant tous les règnes. Et l'homme ne vient pas spécialement du singe, nous l'avons dit, mais aussi bien de toutes les espèces animales qui, elles, viennent des espèces végétales et celles-ci proviennent du règne minéral. Il suffit d'observer ses semblables. Une simple promenade permet de constater, la physiognomonie aidant, les traces de la parenté de l'animal et de l'homme. Il existe des études spéciales faites sur ce point par Lavater qui démontre, avec dessins à l'appui, la filiation de chaque espèce animale, et des caractères physiques et moraux correspondant à cette espèce, avec son produit humain. Cette corrélation du physique et du moral n'est pas le moins curieux élément de ces recherches.

C'est toute une étude à faire et des plus captivantes. Par exemple celui dont l'ancestralité animale remontera aux oiseaux de proie fera volontiers de l'usure. Le chathuant sera noctambule ; la pie, bavarde et insolente ; le bœuf, réfléchi et pacifique ; le lion dominateur ; le tigre sanguinaire, et la férocité de bien des crimes porte l'estampille animale de ceux qui les commettent.

L'observation de la nature fournit la constatation d'un perpétuel recommencement, d'un constant renouvellement qui se remarque dans tous les règnes de la création, et l'homme s'est demandé si, lui aussi, il n'était pas, dans sa vie présente, l'anneau d'une immense chaîne, plongée par ses extrémités dans l'infini des âges et des temps.

L'hypothèse d'une seule existence, depuis la création d'un être à sa naissance, suivie de la dissolution de sa personnalité dans le grand tout après la mort, ne satisfait ni son cœur ni sa raison. Il sentait qu'un voile épais, dû à son inexpérience, lui cachait l'âme des choses, le fond même de sa nature et la trame secrète qui reliait profondément tous les règnes entre eux et au règne humain lui-même.

La médecine nous apprend que le corps est entièrement renouvelé tous les sept ans environ. Ce travail se fait peu à peu en nous, sans arrêt; de même que nous perdons nos cheveux, que les ongles poussent, la chair se transforme par le jeu des recettes et des dépenses physiques et psychiques. Pourtant, c'est toujours la même personnalité définie qui subsiste, c'est par exemple tel individu. Il y a là un élément durable, immuable peut-être, en chacun de nous, une sorte de cadre qui est comme le moule condensateur de la matière qui, elle, passe, flue et semble s'évanouir constamment.

L'évolution d'une personnalité, l'avancement d'une intelligence, le développement d'une âme, à ses différents degrés, de même que la diversité des personnalités, des intelligences et des caractères ne peuvent s'expliquer rationnellement, si on ne vit qu'une seule fois. La naissance paraît, à première vue, aussi mystérieuse que la mort, mais si l'on admet, ce que l'expérience contrôle d'ailleurs ensuite, un enchaînement, une série indéfinie de vies successives et progressives, que chacun de nous gravit et qui s'expliquent, se combinent, se complètent et se continuent les unes par les autres, subitement tout s'éclaire et se coordonne, tout s'explique.

Cette pluralité des existences permet seule de donner une explication rationnelle des prodigieuses facultés de certains enfants, dont le retour à la vie, la renaissance, est manifeste. Ces êtres particulièrement doués viennent donner à l'humanité l'élan qui lui est nécessaire pour évoluer dans toutes les branches du savoir humain, et pour graviter vers des stades de plus en plus élevés. Toutes les différences de caractère, d'évolution, de milieu familial et social sont le résultat de cette succession d'existences, qui sont autant d'épreuves plus ou moins bien couronnées de résultats progressifs. La loi d'affinité régit le domaine moral aussi bien que les forces de l'univers, loi d'attraction pour les astres, loi d'amour pour les êtres. C'est elle qui forme les familles par une sorte de sélection, de similitude. C'est ainsi qu'il y a des familles d'artistes, de savants, de diplomates, un air de famille et un esprit de famille. Les sympathies et les antipathies vives sont souvent des souvenirs d'existences antérieures. Les vies douloureuses sont les dettes d'un passé, chargé de fautes, ou une épuration voulue et plus rapide, choisie librement par l'être avant de naître. Car le but, c'est le progrès, la vie profonde de l'âme, le grand, l'inénarrable bonheur dans la conception de plus en plus exacte du Beau, du Bien et du Juste.

Nous sommes libres de faire le bien ou le mal. Les conséquences de nos actes et de nos pensées retombent directement sur nous, souvent presque aussitôt. S'il n'y a pas de peines éternelles, ce qui est une conception monstrueuse, il y a une justice immanente à laquelle rien n'échappe et qui constitue l'équilibre mathématique, l'harmonie, la vie même de l'Univers. Nous préparons notre avenir pièce à pièce par nos actes, nos pensées, nos aspirations. Telle est la loi morale merveilleuse et irréfragable qui nous fait vivre, dès ici-bas, le sentiment d'éternité, les radieuses perspectives de l'immortalité !

L'humanité prend peu à peu conscience d'elle-même. Les tendances humanitaires, quelle qu'en soit la nuance, en sont le bienfaisant symptôme. C'est que l'homme du vingtième siècle s'éveille à une connaissance plus large, plus précise de sa personnalité et de ses destinées.

16. — Déterminisme et Liberté.

Qui nous dira la part du fatalisme et celle de la liberté dans la destinée humaine ? Cette question, restée jusqu'ici sans solution, va trouver une explication dans la philoso-

phie universaliste. Mais comme ce problème est l'un des
plus importants, nous allons l'examiner d'abord au point
de vue de la philosophie classique. Nous conclurons ensuite
au point de vue intégral de l'universalisme..

L'idée de notre liberté morale se trouve affirmée et posée
par l'observation intérieure. Il s'agit maintenant de l'expliquer dans sa nature intime et véritable, c'est-à-dire
d'examiner les diverses doctrines qui ont essayé d'interpréter nos actes volontaires. Ces doctrines revêtent trois
formes principales :

1° Le déterminisme psychologique, c'est-à-dire la doctrine
qui s'appuie sur l'analyse des faits de la vie mentale, pour
montrer comment naissent et se produisent nos actes
volontaires, suivant des règles définies ;

2° Le déterminisme scientifique et métaphysique (le premier s'appuie sur la loi de causalité pour combattre et nier
la liberté morale, le deuxième s'appuie sur une conception générale et métaphysique de l'univers pour expliquer
et interpréter notre liberté morale) ;

3° Le fatalisme théologique, c'est-à-dire la doctrine qui
rejette résolûment même la possibilité de la liberté morale
au nom de la toute puissance et des attributs de la nature
divine. — Nous réserverons cette troisième doctrine pour
le cours de philosophie universaliste.

Le déterminisme psychologique se présente à nous
comme une vaste analyse des faits de conscience et même
des états plus profonds de la vie mentale, c'est-à-dire des
faits de la vie inconsciente, pour expliquer la production
de nos actes volontaires.

Avant d'examiner en elle-même cette doctrine, on peut
signaler d'abord le déterminisme physiologique et matérialiste, qui considère tous les actes de la vie mentale
comme des produits ou manifestations de notre organisme
physique. La morale, selon la formule connue, ne serait
que l'envers ou l'apparence du physique, et comme le physique est déterminé d'avance par des lois, il suit que les

actes moraux de l'individu sont eux-mêmes fatals. C'est ce que résume Taine en disant : « Le vice et la vertu sont des produits comme le vitriol et le sucre. »

Il suffit de remarquer que si l'influence du physique sur le moral est importante, la réciproque n'est pas moins démontrée et que, par suite, il reste une part à faire à l'énergie de la volonté dans la réaction qu'elle est capable d'opérer sur les conditions physiques et dans sa propre direction. Ceci suffit à prouver que toute la vie morale de l'homme n'est pas un simple produit de combinaison et d'actions fatales, sauf le cas d'une abdication entière de la volonté, au profit des circonstances extérieures.

Le déterminisme psychologique se place au centre même de notre vie mentale et, par l'analyse des éléments multiples dont se compose celle-ci, croit pouvoir expliquer complètement nos actes volontaires. C'est cette analyse que fait Stuart Mill en examinant les influences de toutes sortes que subit l'individu et dont résulte son être moral ou sa personnalité, à savoir des influences ou dispositions de l'organisation même de l'individu (milieu social, idées ou passions régnantes, sentiments personnels de l'individu).

L'ensemble de ces données constitue l'état mental de chacun à chaque moment de son existence psychique, et c'est cet état mental qui détermine les décisions en apparence libres que l'individu prend de lui même.

Cette thèse est déjà exposée, au dix-septième siècle, par Bayle dans la comparaison de la girouette que l'on suppose animée du désir intérieur de se porter du nord au sud et qui, au même moment, est entraînée par le vent dans cette direction. La girouette s'imaginera qu'elle est la cause déterminante de son acte.

De même, l'homme, au moment où il se détermine, est entraîné par les dispositions inconscientes de son caractère, tempérament, habitudes, goûts, et il croit être la raison unique et efficiente de la détermination prise. Il se croit une cause libre.

Cette même doctrine est exprimée par Spinoza. L'homme se croit libre parce qu'il ignore les causes qui l'ont déterminé à agir. Ainsi, l'ivrogne qui insulte et qui frappe croit faire œuvre de volonté libre et ne voit pas qu'il est entraîné par l'action mystérieuse du poison qui circule dans ses veines.

Le déterminisme de Stuart Mill ne fait que reprendre ces considérations, et Stuart Mill en vient à dire que l'analyse de toutes ces causes, grandes et petites, contient le secret de nos manières d'agir à chaque instant, sans faire intervenir la liberté morale de notre volonté. Seulement, cette analyse est complexe et finalement inépuisable.

De même, dans certaines parties de la physique (météorologie), il est impossible de noter toutes les causes capables d'influer sur la température et de prédire le temps en tel lieu, tel jour. Mais les phénomènes ne sont pas moins déterminés suivant les lois physiques. Les actes de la volonté libre, ou soi-disant libre, sont ensemble la résultante de causes pareillement complexes. C'est donc un déterminisme, à la fois inconscient et conscient, qui produit nos actes volontaires.

Il y a une doctrine toute contraire qu'il faut signaler, discuter avant de rien décider. C'est la doctrine de la liberté d'indifférence ou du libre arbitre absolu représentée, à l'époque scholastique, par Duns Scott et, au dix-huitième siècle, par Thomas Reid.

Cette doctrine déclare que la volonté peut se déterminer par un libre arbitre absolu, c'est-à-dire en dehors de toute influence extérieure ou intérieure et de toute raison.

Pour justifier cette idée, Thomas Reid invoque divers exemples, exemple : si je veux sortir de cette salle, je mets en mouvement mon corps et mon pied, mais le mouvement que j'exécute ne suppose aucune raison ou délibération. Je puis indifféremment déplacer le pied gauche ou le pied droit. Si je dois payer une guinée et que j'en aie plusieurs dans ma poche, quelle est celle que je dois prendre. S'il

fallait une raison déterminante, comme elles sont toutes
identiques, jamais je ne pourrais me déterminer, et si je me
détermine, c'est par un acte de libre indifférence.

Cette idée était représentée, à l'époque scholastique, par
les partisans du déterminisme. Ils imaginaient un âne affamé
entre deux bottes de foin égales et à égale distance. L'âne
affamé mourait d'inanition entre les deux.

L'examen de cette doctrine singulière suffit à en montrer
la fragilité. Il est impossible de prétendre à aucun point de
vue, ni objectif, ni subjectif, qu'il y ait des cas d'une indifférence absolue, c'est-à-dire dans lesquels la volonté de
l'individu ne soit sollicitée à agir par aucune considération
inconsciente ou consciente, par aucune influence ou par
aucun raisonnement.

D'abord, au point de vue objectif, on peut rappeler ici le
principe des indiscernables. Il n'y a jamais dans l'expérience
deux objets absolument semblables ou identiques, c'est-à-
dire entre lesquels le choix soit complètement indifférent.
Dans l'exemple de l'âne, on démontrerait qu'il n'est pas à
une distance égale des deux bottes de foin et qu'il regarde l'une ou l'autre et se rapproche plus ou moins du
but de son désir. Il est entraîné à choisir.

D'autre part, au point de vue subjectif, il suffit de rappeler qu'il y a dans la vie mentale un ensemble de perceptions, petites mais réelles, et d'où résultent pour nous des
tendances déterminées. Ce sont les petites perceptions de
Leibnitz. Exemple : si je dois choisir une pièce de monnaie
parmi d'autres, elles ne seront pas toutes à égale distance,
elles seront d'éclat différent. Mon bras aura déjà une direction résultant de l'impulsion. Enfin je prendrai la première
venue, ne serait-ce que pour prendre une détermination.
De même, quand il s'agit de sortir d'une salle, il n'est pas
vrai de dire qu'on déplace le pied gauche ou le droit. C'est
l'état d'équilibre du corps qui détermine le mouvement le
plus facile. Je puis, sans doute, exécuter le mouvement
contraire, mais à condition de modifier mon équilibre.

Ainsi, partout et toujours, les actes de volonté appelés de liberté d'indifférence obéissent à des influences imperceptibles, internes ou externes, c'est-à-dire à quelques raisons déterminantes.

Mais la conséquence est jusqu'ici peu grave. Il s'agit, en effet, d'actes accomplis sans réflexion, de sorte que l'affirmation ou la négation de ce libre arbitre n'intéresse pas la vie morale.

Ici, cependant, le déterminisme reprend la discussion et prétend expliquer les actes de la vie morale par des influences nécessaires et irrésistibles, celle des motifs.

Chaque fois que la volonté doit choisir, déterminer, elle examine les parties contraires, les met en balance et se détermine pour le parti qui lui semble le meilleur, c'est-à-dire pour le motif le plus fort.

Bayle compare ici la volonté à une balance, dont les deux plateaux seraient occupés par des motifs contraires. La délibération représente une oscillation plus ou moins durable du plateau, et la détermination n'est que l'inclinaison de l'aiguille et du fléau.

Ici, donc, l'acte volontaire est rigoureusement nécessité par l'inégalité de valeur des mobiles par lesquels la volonté est sollicitée. C'est le motif le plus fort qui entraîne la volonté, comme le poids lourd entraîne la balance. Cette comparaison, qui est capitale pour des motifs inconscients, est-elle discutable ? Sinon, la liberté morale de l'homme est fort compromise et l'acte de détermination volontaire devient une suite nécessaire de la délibération, sans aucune détermination de la volonté elle-même.

Essayons d'examiner cette nouvelle forme de déterminisme.

Il semble bien, tout d'abord, que la comparaison de la balance soit inexacte et fautive en elle-même, par cela même qu'elle identifie les motifs présents de la volonté à des poids mécaniques d'une valeur déterminée d'avance, c'est-à-dire à des grandeurs mathématiques, rigoureuse-

ment comparables entre elles. Quand il s'agit de forces
mécaniques, ou de poids, il est évident qu'étant donnés
deux poids inégaux, le plus lourd entraînera le plus faible,
et que le contraire est impossible.

Mais les motifs d'agir, que la volonté examine dans l'acte
de délibération, sont ils bien de nature mécanique ou mathématique, ou ne sont-ils pas des états de l'esprit ou de
la conscience, ou des dispositions mentales variables, complexes, susceptibles d'être interprétées d'une façon favorable, c'est-à-dire capables de varier en influence et en intensité ? Impossible d'en douter, puisqu'il y a délibération
ou examen de la valeur intrinsèque des motifs.

C'est cet examen, c'est-à-dire l'appréciation que l'individu fera en vertu de son intelligence, qui constituera leur
valeur efficiente ou leur valeur pour nous-mêmes, et cette
appréciation n'est pas définie ou ordonnée d'avance,
comme un poids ou une valeur mécanique.

La preuve, c'est que, pour le même individu, les mêmes
motifs, en deux circonstances différentes, n'entraînent pas
la même appréciation, ne présentent pas la même valeur.
Aujourd'hui, il me plaît de travailler en vue de considérations d'attrait ou d'intérêt. Demain, ces considérations seront dominées par l'idée d'une excursion par exemple. C'est
donc que la personnalité propre de l'individu intervient
plus ou moins dans la valeur attribuée au motif et constitue cette valeur elle-même pour une large part.

On dira alors que les motifs ont une valeur intrinsèque,
(leur contenu propre et leur attrait sur nous), extrinsèque
(caractère et valeur qu'on leur reconnaît et classement
d'importance que l'homme établit entre les motifs).

Cette remarque est justifiée. C'est en effet la personne
morale tout entière, telle qu'elle est dans son énergie intime qui se manifeste dans les actes de volonté réfléchie
qui, par suite, ne sont pas des productions arbitraires ou
inexplicables, mais la manifestation de l'énergie et de la
valeur morale de l'individu. Si l'individu est dénué d'éner-

gie, il est entraîné par les circonstances. Si, au contraire, il possède de l'énergie morale, il aura un pouvoir de réaction contre l'entraînement des motifs.

En un mot, chez les individus doués d'une raison maîtresse d'elle-même, c'est l'adhésion de la volonté, qui est l'acte capital et fait la valeur des motifs qui sont alors des raisons déterminantes, parce qu'ils ont été acceptés par la volonté. La volonté, en obéissant à des raisons d'agir n'obéit qu'à elle-même. Dès lors, l'accord est établi entre les doctrines adverses.

Une autre critique complémentaire est possible. La comparaison de la balance et des poids lourds ou faibles suppose que l'homme est toujours un être passif, appelé à subir des actions coercitives ou des forces déterminantes et sur lesquelles il n'a pas d'action.

Or, l'observation psychologique nous montre les choses sous un autre aspect et nous fait voir que les motifs d'agir, examinés par l'intelligence, au lieu d'être des forces, sont des plans idéaux d'action entre lesquels l'homme est appelé à choisir, et qu'il ne se sent pas contraint de choisir d'une façon rigoureuse. Son libre arbitre, en tant que manifestation supérieure de la raison, subsiste.

Ainsi on peut supposer un homme qui veut faire construire une villa et qui demande des plans à son architecte. Celui-ci lui fera valoir les avantages de divers plans, au point de vue économique, confortable et esthétique. L'examen de ces plans établit que chaque type a son intérêt ou sa valeur, à tel point de vue et que les types de construction assez différents exercent une égale attraction. L'individu hésite entre ces divers plans. Donc il n'y a pas eu ici, dans la nature intrinsèque des motifs ou des plans soumis au choix, d'action nécessitante qui entraînât la volition, et, dès lors, on ne peut parler de motifs plus forts.

Que se passe-t-il alors ? L'expérience montre que c'est une petite cause, le choix arbitraire d'une raison d'agir pour avoir une raison qui déterminera l'adoption d'un plan.

C'est donc qu'on agit pour le plaisir ou la volonté d'agir, lors même que les plans sont aussi différents que possible. Donc la volonté n'est pas à la merci des influences nécessitantes du dehors et elle se crée à elle-même un motif ou une raison d'agir pour sortir de l'indécision.

Il reste cependant un dernier cas : celui dans lequel les motifs présents à la volonté sont nettement déterminés et d'une importance inégale et dans lequel interviennent des considérations d'ordre moral, c'est-à-dire la question même du devoir et de l'honnêteté. On peut se demander alors si la volonté est rigoureusement déterminée d'avance et si l'acte moral réfléchi est un produit ou une conséquence des motifs. Ce serait alors le triomphe complet du déterminisme nécessitaire.

On peut supposer le cas d'un individu placé entre deux actions possibles, l'une conforme à sa conscience et au devoir, mais sans profit matériel, l'autre, au contraire, en désaccord avec l'idée de justice, d'honnêteté, mais capable d'entraîner pour lui des avantages matériels de toutes sortes.

On se demande alors quelle doit être la détermination de l'individu, puisqu'il s'agit ici de deux ordres de motifs inégaux. Est-ce le motif de l'intérêt égoïste et passionné, qui, en raison des impulsions de la sensibilité, doit déterminer la volonté ? Est-ce le motif du devoir, qui apparaît inégal en puissance, puisque les satisfactions de la sensibilité y restent étrangères ?

Le problème est ainsi nettement posé, mais la solution est indécise, parce qu'elle dépend du caractère moral de la personne. Le choix de l'un des deux motifs, à l'exclusion de l'autre, n'est pas imposé d'avance, et l'individu qui examine le problème en lui-même a la conscience de pouvoir se porter d'un côté ou d'un autre, c'est-à-dire de faire œuvre de volonté moralement indépendante.

Seulement la solution reste déterminée d'une façon probable, en ce sens qu'il s'agit d'une volonté raisonnable et éclairée qui s'inspire des règles de la conscience. Ce sera vraisemblablement l'idée du devoir moral qui sera le motif déterminant de l'action. Si, au contraire, il s'agit d'une volonté asservie à la sensibilité, aux influences de la passion ou de l'égoïsme, c'est-à-dire mal éclairée par une raison confuse, ce ne sera vraisemblablement pas le motif de l'intérêt qui l'emportera.

Cependant, il n'y a là que des vraisemblances, et nul ne peut dire, de façon absolue, avec une certitude irrécusable, qu'en pareil cas tel individu agira ainsi ou ainsi, et l'intéressé lui-même ne sait pas d'avance le choix qu'il fera.

On a alors le droit de dire que le motif moral du devoir, qui paraît ici le plus faible, est cependant capable de contrebalancer la passion, l'intérêt.

Dès lors, cette réaction du motif le plus faible contre le plus fort en apparence nous atteste l'indépendance même de notre volonté réfléchie et notre capacité d'agir d'une façon purement conforme à la raison par la simple idée du devoir. Agir par suite de cette simple idée du devoir est donc, en définitive, faire œuvre de liberté morale, c'est-à-dire se placer en dehors de ces actions et réactions plus ou moins mécaniques et nécessitantes que produisent les sentiments ou impulsions de la sensibilité, les influences internes ou externes.

Dès lors, on a le droit de conclure que l'idée de liberté morale se ramène, en dernière analyse, à une sorte de détermination rationnelle et réfléchie, par laquelle la raison, consciente d'elle-même et de l'idéal moral, se place en dehors et au-dessus des motifs inférieurs ou passionnels.

La conclusion de cette étude est donc une interprétation prudente de l'idée déterministe, qui concilie cette doctrine avec l'idée de volonté libre, affirmée par la conscience.

Les motifs d'agir, ou mobiles, présents à la conscience chaque fois que nous délibérons, ne sont pas des forces d'une puissance irrésistible, capables de nous contraindre par leur valeur propre ou par leur contenu, sans que l'éner-

gie morale de la personne humaine puisse y intervenir. Ils
sont partout et toujours, quoiqu'à des degrés variables,
des plans d'action sur lesquels il s'agit pour nous de déli-
bérer et qui nous sollicitent à agir, mais sans nous entraîner. En un mot, ils n'ont jamais pour l'individu réfléchi et
raisonnable une influence nécessitante, comme le soutiennent les déterministes purs, mais seulement une influence
consultative et persuasive, à laquelle il nous est possible
de nous conformer ou de nous soustraire. La solution, au
moment même de la décision, n'est donc pas donnée
d'avance, c'est-à-dire dépend de notre volonté elle-même.

Dès lors, la doctrine de la liberté morale peut être
reconnue vraie dans son affirmation essentielle, qui est :
l'homme possède par lui même la liberté de réagir sous
l'influence de la raison contre les motifs en apparence les
plus forts et, par là même, de montrer la supériorité de sa
volonté réfléchie.

En un mot, l'homme n'est pas un simple automate intelligent, subissant l'action des motifs les plus forts, mais
une volonté qui fait elle-même la puissance et la valeur
déterminante des motifs, en un mot qui s'impose à elle-
même sa règle d'action, et c'est en cela que consiste le
développement de notre liberté morale, c'est-à-dire de
notre personnalité libre.

En résumé, nous avons deux doctrines en présence. Le
déterminisme soutient que tous les actes humains et tous
les changements sont soumis à la loi de causalité et la doctrine adverse qui soutient le contraire. On a tort de vouloir absolument que l'une des deux théories soit seule vraie
et que l'autre soit erronée. C'est toujours le même erre-
ment, dont nous sauve la méthode éclectique.

En réalité, le problème est plus vaste que cela. Pour le
saisir dans son ensemble, il ne suffit pas de chercher
quelles sont les raisons qui déterminent ou qui ne déterminent pas un acte, mais bien plutôt, et tout d'abord, les
motifs profonds qui déterminent la vie humaine et les

multiples contradictions qu'une observation, même superficielle, relève entre les individus.

Si nous admettons le règne d'un déterminisme absolu,
nous ne constatons autour de nous que des inégalités qui
sont autant d'injustices, inégalités physiques, intellectuelles,
morales et sociales.

Seule la grande loi d'évolution progressive donne une
solution équitable et rationnelle. Le fatalisme et la liberté
s'enchevêtrent dans la destinée humaine, mais le fatalisme
appartient au passé et la liberté à l'avenir.

Le fatalisme n'appartient au présent que comme résultat
du passé. Notre vie présente est la résultante exacte de nos
existences passées. Le bien et le mal que nous avons fait
ont leurs conséquences dans le présent, et cela jusqu'à ce
que l'équilibre vital soit atteint. Nos actes et nos moindres
pensées créent notre destinée à venir. Celui qui a fait
souffrir souffrira à son tour, et celui qui a répandu du bonheur recevra en retour des récompenses, en rapport avec
ses bonnes actions et ses bonnes pensées.

Nous créons donc nous-mêmes notre propre avenir, au
fur et à mesure de notre évolution. La loi d'équilibre veut
que tout se paye et que tout s'harmonise. Si nous voulons
être heureux, améliorons-nous et soyons bons. De toute
façon, le mal laissé derrière nous à titre de dette morale sera
acquitté, dans cette vie présente, ou dans les suivantes si
elle est trop lourde à payer en une seule fois. La grande
loi universelle est la Justice, la Vérité, l'Amour, mais, pour
la comprendre, il faut le mériter par ses efforts d'ascension.

A ce titre, le fatalisme se rapporte au passé. Il s'ensuit
que les grandes lignes de notre existence sont déterminées
par notre existence antérieure ou nos vies précédentes. Mais,
d'autre part, et c'est ainsi que nous conclurons: pour l'avenir nous sommes complètement libres de modifier, d'évoluer notre personnalité et de nous créer, pour cet avenir,
des dettes bénéfiques au lieu de dettes maléfiques.

Telle est la solution de l'universalisme.

17. — *L'Esprit scientifique expérimental et l'Esprit philosophique intuitif.* — *Leur union dans l'Universalisme.*

L'esprit scientifique d'expérimentation positive et la méthode philosophique de méditation et d'intuition profonde sont les deux nuances les plus tranchées qui caractérisent les modalités extrêmes de l'universalisme. Celui-ci les absorbe et les synthétise dans une conception d'ensemble qui ne les sépare plus.

C'est en quelque sorte le contraste des deux génies opposés de l'Occident et de l'Orient. L'un est le monde des effets, l'autre est le monde des causes. Souvent l'observateur des effets ne saisit pas les causes, parce qu'il s'adresse au monde superficiel de la matière manifestée, objective à ses yeux, domaine très étroit, perdu entre deux infinis de mystères qui n'ont rien de surnaturel, mais qui échappent complètement à la métaphysique matérialiste.

L'observateur des causes développe une méthode d'introspection qui fait naître et développer en lui une vie intérieure, insoupçonnée de l'observateur superficiel et, comme l'être humain est un reflet de l'univers, un microcosme dans le macrocosme, il arrive à lire en lui-même les lois de la pensée, de la vie intime des êtres et des choses, les secrets de la Nature.

Les vérités existent. Le savant ne découvre rien, n'invente rien. Sa personnalité évolue, se perfectionne au point de se mettre en synchronisme vibratoire avec des plans, de plus en plus élevés, d'où lui viennent, comme une inspiration naturelle, les inspirations et les intuitions qui visitent tous les chercheurs, tous les artistes, littérat ars, poètes, philosophes et savants, même matérialistes et même à leur insu.

Tout ce qui a été « trouvé » dans le domaine de la pensée est le fruit légitime de l'intuition, bien qu'il soit souvent contesté, ou même ignoré. Le savant est intuitif au même titre que le penseur. Qu'il se souvienne comment se sont réalisées ses inventions. Il a fait les études scientifiques dont le programme est suffisamment identique dans tout un pays pour que l'on puisse passer d'un lycée ou d'un collège dans un autre; sans être trop dépaysé. Pourquoi donc sera-t il seul à faire telle ou telle découverte? Et cette découverte se fait presque toujours subitement. Elle ressemble souvent à une sorte d'illumination, d'éblouissement de l'esprit, sorte de révélation, qui n'est que la vue spirituelle d'un être parvenu à un niveau d'évolution qui lui a permis de déchiffrer ce qu'il ignorait auparavant.

L'intuition, ainsi vécue, se retrouve pour toutes les idées, pour tous les sentiments. Et tandis que des savants comme M. Poincaré reconnaissent la valeur de l'intuition, des penseurs éminents comme M. Bergson déchiffrent, en pleine Sorbonne, au milieu d'un public compact et enthousiaste, le poème de l'esprit à travers la matière. M. Bergson pénètre par l'intuition profonde dans ce domaine sensible qui nous conduit aux données de la conscience, à l'étude des lois de la pensée et prépare, dans le monde intellectuel, une révolution considérable.

Ceux qui ne peuvent pas, ou qui ne veulent pas encore le comprendre, trouveront un terrain d'attente et d'entente dans l'universalisme, qui embrasse toute l'échelle de la pensée humaine, dans son flux et dans son reflux.

18. — *La Vie et la Mort des astres.* — *La Vie universelle.* — *La planète Mars.* — *Marconi et la Communication énigmatique d'Écosse.*

L'astronomie, cette science sublime qui nous permet de déchiffrer les plus belles pages du grand livre de la Nature,

nous met, par anticipation, en relations avec les mondes
innombrables qui roulent dans l'infini et, en particulier,
avec les planètes de notre système solaire.

La planète Mars est celle qui semble avoir le plus d'analogie avec la Terre. D'après un astronome américain.
M. Percival Lowell, Mars serait en train de mourir. « Elle·
agonise, dit-il, et cette agonie nous fait présager ce que
sera celle de la Terre. »

Avant d'examiner cette conclusion, nous reconnaissons
comme justes la plupart des observations du savant astronome. Il est exact, en effet, que la surface de Mars est
annuellement modifiée. A chaque printemps martien, on
voit diminuer les pôles, comme si les glaces supposées et
probables de notre voisine fondaient en partie périodi-
quement.

A la même époque, on voit apparaître une série de canaux
qni s'entre-croisent savamment, canaux simples, canaux
doubles, qui, en leur point d'intersection ou de jonction
présentent des agglomérations, sortes d'oasis centralisa-
trices.

Comme le dit M. Lowell, Mars est plus avancé en âge
que la Terre. Il prétend que l'eau s'y fait rare et que ce serait « une époque de transition entre la phase de vie, comme
celle de la Terre, et la phase de mort, comme celle de la
Lune ».

*
* *

L'expression « phase de mort » attribuée à la Lune nous
met en présence de la controverse qui subsiste entre les
partisans de deux doctrines adverses. Pour les uns, l'hypothèse de la vie, réservée uniquement à notre minuscule
planète, est un dogme intangible. La communication inter-
sidérale leur semble, à fortiori, être un mythe.

Pourtant, hypothèse pour hypothèse, nous nous demandons si celle qui n'admet de vie, de possibilité de vie et

d'habitabilité que sur notre Terre n'est pas précisément celle qui, en y réfléchissant quelques instants, semble la moins raisonnable, pour ne pas dire plus.

Eh quoi ! ces milliards de mondes qui roulent dans l'espace, soumis à des lois mathématiques merveilleuses, seraient une légion de sépulcres, roulant éternellement dans le vide sans but intelligent !

Non, la Nature n'est pas aussi illogique.

En réalité, il n'y a de vide et de mort nulle part, et la mort n'est qu'un changement de vie, le vêtement superficiel d'une simple transformation de la vie en un autre mode d'expression. Si notre humble planète est habitée, pourquoi les autres mondes ne le seraient-ils pas ? et surtout par des humanités plus avancées que la nôtre qui n'est certes pas la perfection, avouons-le, humanités adaptées à leur milieu selon les lois harmoniques de la nature.

*
* *

N'est-il pas plus logique d'admettre qu'en réalité les mondes se hiérarchisent comme les êtres, selon le degré d'évolution acquis depuis qu'ils ont surgi de la matrice universelle ?

Des observations faites nous ont permis d'établir pour la planète Mars les indications suivantes, auxquelles nous conservons bien volontiers la nuance de l'hypothèse, attendu que les certitudes humaines sont bien faibles.

Les ocres, les chromes, les sels plombifères, argentifères, ferriques, cobalt, gypse et nitre, dont les sels sont très abondants sur Mars, constituent dans leur ensemble la dotation organique, géologique et physique de cette planète.

La surabondance des gisements d'ocre rouge fait naître toute une végétation luxuriante, dont les panicules majestueux sont de gigantesques coquelicots. De là la coloration rutilante, ombrée, que l'on relève dans les lunettes astronomiques.

L'atmosphère de Mars est presque combinée comme la nôtre, avec cette différence que l'hydrogène et l'oxygène, tout en y existant, varient en dosage.

La respiration des êtres vivant sur Mars s'accomplit comme sur Terre, en ce qui concerne les végétaux, et cela pendant la période nocturne, c'est-à-dire qu'ils entretiennent la combustion vitale en aspirant un composé de gaz à base de carbone et restituent un mélange gazeux qui ne comporte pas d'azote comme dans notre air de respiration.

Les liquides qui s'y trouvent ressemblent assez aux eaux terrestres. Comme sur Terre, ces eaux s'évaporent sous l'action dissolvante du soleil pour se condenser à une certaine hauteur et s'agglomérer en nuées, plus ou moins épaisses, selon l'époque de l'année, car n'oublions pas qu'une grande analogie existe entre ces deux planètes en ce qui concerne les températures moyennes, les saisons, de durée, toutefois un peu variables, et les propriétés électriques, magnétiques, etc.

Comme sur Terre, les pôles sont envahis par des cristallisations amenées par le froid et qui, sur Terre, sont formées par des glaces. Des neiges, pour ainsi dire perpétuelles, existent dans ces régions voisines comme sur la Terre. Des orages, des éclats de foudre, etc., s'y manifestent comme chez nous.

Une grande différence existe pourtant : c'est la proportion gardée entre les continents et la masse des eaux totales. Au lieu d'être de un à trois, elle est de deux à un, c'est-à-dire qu'à certaines époques de l'année il y a presque disette d'eau.

La compensation est faite très sagement par dame Nature, attendu qu'une rosée très copieuse vient remplacer pendant le rayonnement nocturne l'absence d'eau d'alimentation.

La sagesse des Martiens les a conduits à établir des réservoirs d'eau et, au moyen de canaux et de communications faites de la main même des occupants, elle leur permet d'irriguer, à époques périodiques, les contrées à fertiliser.

Cela explique comme quoi, à certaines époques de l'année, le régime des canaux nous apparaît d'une façon plus nette qu'à d'autres époques. En effet, lorsque des irrigations ont donné ce que la puissance des écluses ouvertes a permis de débiter, la floraison qui surgit, surtout en larges bandes, le long des rives de ces canalisations font ressortir, d'une manière plus apparente leur réseau de canaux grandioses qui sont en quelque sorte la gloire des ingénieurs martiens qui ont à leur disposition des moyens d'action que nous ne connaissons pas encore.

*
* *

Les autres planètes de notre système présentent des variétés généralement supérieures à Mars. Mais ce qu'il faut dégager de toutes ces belles choses, c'est que, dans l'univers, tout vit et se transforme en vue d'un perfectionnement constant. Tout fermente, tout progresse. Que les belles envolées de l'esprit soient ici le stimulant efficace de l'ascension des êtres et des choses vers le mieux ! Ne négligeons jamais les recherches transcendantes, qui nous démontrent la grande évolution universelle vers l'Harmonie, la Justice et la Vérité.

*
* *

Pendant assez longtemps, le monde savant a été intrigué par un phénomène, resté d'ailleurs inexpliqué, et qui se produisit dans le haut de l'Écosse pendant une période assez longue. Toutes les nuits, à une heure où aucune communication ne pouvait plus parvenir en cet endroit par les ondes hertziennes venues du continent ou des paquebots transatlantiques, on relevait un signe, toujours le même, et dont le sens n'a pu être déchiffré jusqu'ici en aucune langue humaine.

Les savants se sont perdus en conjectures pour en trouver la clef et beaucoup d'entre eux, en particulier Marconi, ont émis l'hypothèse que ce signal pourrait très bien provenir des efforts qu'une planète voisine ferait pour tenter d'entrer en communication avec les Terriens. L'avenir dira, prochainement peut-être, ce qu'il faut en penser.

19. — *Les Pierres du ciel.* — *Les Frissons du sol.*

Les astres naissent, vivent et meurent comme les hommes. La science astronomique permet d'observer ces phases de l'évolution des mondes, et leur agonie n'est pas la moins curieuse. Elle est, pour ainsi dire rendue tangible par les chutes de bolides, les pluies de pierres que toutes les époques de l'histoire ont enregistrées. La grande loi de l'harmonie universelle rend les mondes solidaires dans l'univers entier. Ces résidus planétaires, en tombant sur notre sol, renforcent l'énergie de notre planète.

Le nombre des pierres tombées du ciel est, en effet, considérable. C'est ainsi qu'on estime qu'il en est tombé 100.000 à Pultusk (Pologne), dont certaines fort lourdes, rien qu'au cours de l'année 1868.

Il semble que ces météorites aient pour mission d'appeler l'attention des hommes sur la vie sidérale, pour leur faire étudier l'univers et leur faire constater que la vie n'est nullement limitée à leur ambiance. Ce sont comme les épaves d'un grand naufrage sidéral et, en les rapprochant les unes des autres, on est parvenu à reconstituer les astres disparus, ou en voie de disparition ; on est parvenu surtout à constater une similitude remarquable entre la composition de ces bolides et celle de notre propre sol.

La vie des mondes présente des analogies générales avec la vie des êtres organisés et les remarques précédentes autorisent l'hypothèse de l'habitabilité des mondes.

La chute des bolides est considérée à tort comme un cataclysme. Il y a là des lois que nous ignorons comme pour le feu central et les tremblements de terre. Ce sont des problèmes, dont les données sont encore insuffisantes, mais que la science précise chaque jour davantage. On a cru longtemps, à tort, que les bolides étaient des résidus vomis par nos volcans. Or, leur vitrification suppose des chaleurs supérieures au feu central.

Pour les volcans en particulier, la cause généralement admise réside dans l'activité interne. Comment se produit le phénomène sismique? A la suite du refroidissement graduel de la croûte terrestre, les plissements du sol ne reposent pas toujours sur le noyau sous-jacent et l'effondrement, minime ou considérable, produit le phénomène sismique, parfois très léger, ou le tremblement de terre.

On peut étudier d'avance quelles sont les zones d'effondrement où les secousses auront lieu. C'est ainsi que tout autour du Pacifique il y a un véritable « cercle de feu ». Les côtes de l'Italie, la Calabre, la Sicile, sont par excellence une zone d'effondrement, ainsi que la côte ouest de l'Amérique.

Les zones d'effondrement sont les sites choisis par les tremblements de terre. Elles sont presque toujours voisines de grandes fosses marines, couronnées de montagnes.

Telles sont les causes immédiates des frissons du sol. Quant aux causes lointaines, il y a lieu de remarquer la périodicité des taches solaires, des orages magnétiques à leur maximum d'intensité et des courants telluriques, dont la Terre est le siège.

Étant donné le rôle central du Soleil, on peut se demander si ce n'est pas en lui qu'il convient de rechercher la cause première des frissons du sol.

Le noyau central de la terre contient beaucoup de fer en fusion. D'autre part, le soleil rayonne autour de lui un immense champ magnétique. Quand la masse métallique de la Terre passe dans cette zone, des courants électriques d'induction la parcourent, comme l'anneau d'une dynamo tournant entre les pôles et ses électro-aimants.

Si, dans ces conditions, le rayonnement du Soleil vient à varier, le champ magnétique et les courants induits varieront aussi. Ces courants, agissant magnétiquement sur les zones ferrugineuses, peuvent les déplacer, ainsi que l'écorce qui les recouvre, et qui cédera sur les points faibles. Quand l'influence sera minime, on aura des orages magnétiques, des perturbations télégraphiques

La science permettra dans l'avenir de prévoir les phénomènes sismiques et d'en éviter les conséquences douloureuses.

20. — *Les Origines.* — *La Naissance d'Adam.*
Commentaires des philosophes.

« La véritable essence pour l'homme n'est ni dans la matière qui n'existe pas, en tant qu'essence, ni dans la vie qui n'est pas une entité, mais une fonction, — elle est dans l'âme.

La matière n'a aucune spontanéité — la force vitale qu'on allègue n'est pas une explication : elle ne nous fait pas comprendre pourquoi le courant nerveux agit de telle ou telle façon. La direction motrice intelligente reste à prouver. Ces courants de forces qui agissent à notre gré, selon les modes désirés, viennent de notre moi suprême qui est l'essence. Les actes successifs qui découlent de cette volition première en sont le prolongement. Chacun dirige l'ensemble des éléments qui la constituent selon la fin voulue. C'est faire une déplorable confusion que d'attribuer la raison du mouvement de l'art du geste aux éléments qui servent comme moyen de la traduire.

Attribuer des qualités sensationnelles à tel élément, c'est faire un jugement précipité. Les éléments du moi le séparent de lui-même, en tant que moi conscient, et il ne s'explique pas par ces éléments, chacun en soi, mais ces éléments s'expliquent par lui, car ils en sont la somme totale objective. Ils ne sont pas détachables, du moi, et tous les corps, quels qu'ils soient, sont à la fois matière et force.

L'origine de la vie est abstraite comme le point géométrique qui naît de l'intersection de deux lignes. C'est une intersection de l'être et du non-être, abstraction comme le point. Mais l'être ne peut perdre son ipséité sans s'anéantir : c'est la même molécule qui survit : sa forme meurt et l'idée survit, ce qui se traduit chez l'homme par la mémoire.

L'essence d'une vie n'est donc jamais perdue. Une âme se trouve toujours accrue. L'âme, pendant sa transformation, ses transmutations, se maintient dans l'atmosphère magnétique.

Chaque substance a son atmosphère (pierre, végétal, animal) ou mieux son rang dans l'atmosphère. L'origine de la vie est magnétique dans le protoplasma : elle donne la cellule dans le plan matériel.

La création doit être considérée non comme une filiation sériée, mais comme une évolution synthétique. Au lieu d'un ancêtre commun, le nombre est à la base et tend vers l'unité. Soit une pyramide : la base est l'origine d'un plan donné. Elle tend vers le sommet, qui est l'homme pour nous dans la phase du passé infini, qui est l'absolu dans la phase d'infini futur.

Le nombre sans limites, avec des formes simples, tend vers des formes de plus en plus unifiées et compliquées, synthétisées. Les différenciations zoologiques sont de plus en plus grandes, ce qui déroute à priori.

Le nombre appartient aux classes inférieures par exemple
560.000 espèces d'insectes, plus haut 12 000 espèces d'oiseaux, moins de mammifères encore, l'éléphant le plus
intelligent est presque hors série, et enfin l'homme.

L'individu, pris en masse, n'est donc que la synthèse du
passé. L'entité s'assimile toujours de nouveaux éléments
qui viennent grossir ce patrimoine séculaire, ce « moi ».
Les particules de l'entité se subdivisent à l'infini, à mesure
que la portion la plus intellectualisée du moi s'avance
vers le mieux. Tous ces éléments gravitent autour de leur
partie supérieure. La volonté de cet élément supérieur,
qui est sa vie, maintient la cohésion de cette graduation
d'éléments, chacun d'eux y participant par sa volonté pro-
portionnée à sa place dans l'ensemble. La somme du passé
est là tout entière.

Des faces spéciales de l'âme président aux fonctions du
moi. Ce n'est pas l'œil qui crée la lumière. C'est l'être central qui la perçoit en lui. Chaque âme donne donc, pour
ainsi dire, une certaine note, chaque être, chaque objet de
même. Cette note est la somme synthétique des éléments
qui constituent chaque individu, chaque objet. Cette note
est une somme de vibrations et chaque être conçoit tout ce
qui l'entoure par le rapport qui s'établit entre les vibrations de sa note personnelle et celle de chaque objet,
chaque individu, chaque idée envisagée.

On voit et on entend par un phénomène semblable à celui
par lequel les signes (lettres ou notes) font naître les idées
et les sentiments.

Tout n'est donc que vibrations et combinaisons de vibrations. La physiologie de l'âme est donc celle qu'elle a
constituée au cours du temps : preuve de la vie éternelle.

La vie a donc pris conscience d'elle-même à travers le
siècles. Les êtres les plus anciens, que nous connaissons
actuellement comme ayant existé sur terre, sont les mollusques, les vers, qui sont d'abord arrivés à se créer un
intestin pour satisfaire leur appétit rudimentaire. Ces ani-

malcules finiront par posséder une mémoire instructive de leurs fonctions. Des efforts successifs les ont amenés à un but de plus en plus précis, à la supériorité consciente, étudiant leur sphère jusqu'au mouvement des idées, jusqu'à la constitution de la moelle, instrument de l'action cérébrale, agent de la pensée intelligente.

Tout l'effort des animalcules, à travers la nuit des siècles, tendait à la réalisation de ce cerveau. Ils l'ont réalisé, en dépit des apparentes désorganisations matérielles qui n'étaient que les étapes du chemin, et qui n'ont jamais arrêté le progrès puisqu'elles en sont l'exercice, pas plus qu'une mort individuelle n'arrête la vie sociale.

Un jour vint que les organes achevés permirent une manifestation de vie plus haute que celle des sens. L'âme d'Adam surgit. »

21. — Le grand Livre.

> « Naître, mourir, renaître et progresser
> sans cesse, telle est la loi. »
> (ALLAN KARDIC.)

La vie intégrale de chaque être est comme un livre dont les premiers feuillets portent les traces d'un lointain incalculable, remontant aux origines et relatant la vie élémentaire de l'âme, à travers les règnes inférieurs.

Chaque feuillet blanc est préparé avant d'être employé, c'est-à-dire vécu sur terre. C'est là le symbole de la réincarnation. C'est ainsi qu'une fois revenu à la vie de l'espace, l'être arrive, en revoyant ces pages, à vivre de son passé, de ses joies, de ses peines, de l'idéal rêvé et de ses destinées éternelles. Il constate ainsi son degré d'avancement et se prépare à bien employer l'existence nouvelle qu'il devra vivre, la page nouvelle qu'il devra tracer.

Plus les pages se remplissent à bon escient et plus le

progrès de l'être s'accentue et se manifeste par un développement grandissant du sentiment des responsabilités.

La noblesse de l'âme voit le jour, puis grandit. L'être évolué recherche de plus en plus des actions élevées, les occupations qui le grandissent et l'améliorent. C'est ainsi qu'il rayonne de plus en plus, étendant son action sur les masses, sur les nations. Le bonheur augmente avec le progrès moral. Tout progrès acquis est une victoire.

Combien l'homme instruit de ces lois d'harmonie prend soin d'inscrire de nobles actions sur la page qu'il est en train de vivre ! Il sait que de l'autre côté, il regardera avec une avide anxiété les lignes qu'il aura tracées lui-même.

S'il a mal vécu, lorsque l'âge a courbé son front et qu'il a neigé sur sa tête, il sent que la page sera mauvaise. Il entend à l'avance les remords l'assaillir, disant : « Vois les peines que tu as causées ! »

Une fois dégagé, le coupable reste longtemps ainsi poursuivi. Il se repent alors et ce repentir est fécond. Quand il a assez de courage pour consulter la page du grand livre qu'il vient de remplir, il peut y lire la trace d'une bonne action et se dire : « Le bien que j'ai déjà fait, je puis encore le refaire », et il reprend courage. Une joie profonde le saisit. Il s'endormira alors pour revenir sur terre et y remplir une nouvelle page.

Hommes, réfléchissez ! chaque pensée se grave par vos fluides, chaque acte se photographie dans l'éther. Songez-y pour n'avoir pas à en rougir ou à en pleurer.

Les philosophes qui ont voulu connaître le pourquoi des souffrances et des joies d'ici-bas et qui ont perçu la réalité de la vie éternelle, de l'enchaînement des existences progressives, jouissent d'une espérance forte et douce.

Lorsque le pauvre et le riche seront convaincus de la survie, tous les hommes sauront qu'heureux ou malheureux ils ont voulu et dû venir ainsi. Le pauvre ne murmurera plus. Il acceptera sa condition, en travaillant à l'améliorer. Et le riche, sachant qu'il a neuf chances sur dix de renaître pauvre, comprendra mieux la solidarité de nature qui nous relie tous et s'intéressera au sort des frères malheureux.

O espérance de revoir, tu es, pour les êtres aimés, l'arche sainte qui relie les deux rives, la Terre et le Ciel. Aidé par toi, fleur du savoir véritable, l'homme peut plonger sa vue dans l'infini et sentir son cœur battre au contact des émotions éternelles.

CHAPITRE IV

La Personnalité subconsciente. L'Être intégral.

1. — La Personnalité subconsciente. — L'Être intégral.

La science matérialiste nous a fait connaître la structure compliquée et merveilleusement agencée de l'être humain. Mais, nous l'avons vu précédemment, le corps est la partie superficielle, la plus changeante, le vêtement constamment renouvelé, qui nous a servi d'instrument de manifestation, d'outil de progrès dans la vie présente.

Mais ce corps change complètement en quelques années et si l'on vit, par exemple, soixante-dix ans, nous aurons eu, en quelque sorte, dix corps, puisque tous les sept ans, environ, notre organisme est extérieurement recomposé de cellules nouvelles.

Et pourtant, la mémoire du passé subsiste. Ce sont même les faits de l'enfance, de la période la plus reculée pour l'homme d'un certain âge, qui subsistent avec le plus de netteté dans son esprit. La mémoire, cette faculté merveilleuse, qui ressuscite le passé en nous, n'appartient donc pas au corps charnel, mais au corps permanent psychique, qui en est le cadre, et en qui sont enregistrés les souvenirs des existences antérieures.

Ces souvenirs se réveillent parfois spontanément, d'autrefois sous l'influence hypnotique ou magnétique. Il est souvent difficile de les dégager des phénomènes psychiques proprement dits, qui sont la manifestation directe d'intelligences, d'entités du plan invisible, qui agissent sur nous, avec le libre arbitre qui caractérise les êtres intelligenciés, liberté légitime et compréhensible, mais qui déroute plus d'un expérimentateur qui veut agir sur elles, comme le ferait un chimiste au laboratoire.

« L'extériorisation et la subconscience supérieure sont deux aspects inséparables de la même manifestation », dit le docteur Geley ; et, plus loin : « Une portion de la force, de l'intelligence et de la matière peut être extériorisée de l'organisme, agir, percevoir, organiser et penser en dehors des muscles, des organes des sens et du cerveau. Elle n'est autre que la portion subconsciente élevée de l'être. Elle constitue véritablement un être subconscient extériorisable, coexistant dans le moi avec l'être conscient normal. » (*L'être subconscient*, p. 82, Alcan.)

La subconscience est la voix de nos origines, échos de l'infini qui se réveillent pour quelques instants en nous, écartant le voile mystérieux, derrière lequel se dissimule la personnalité humaine intégrale.

a) *Les caractères de l'être subconscient* sont les suivants. C'est un substratum de substance fluidique qui sert de véhicule à la force, à la sensibilité, à l'intelligence latentes. Il est en dehors du domaine des sens normaux, peut traverser la matière, peut être en partie projeté très loin du sujet. Les sensitifs le voient dans l'état d'hypnose. Le magnétiseur peut l'extérioriser du sujet : c'est l'extériorisation de la sensibilité. Cette sensibilité semble alors répandue sur le sujet tout entier, comme en un sens unique et total. La volonté subconsciente peut le modeler en des formes diverses. Il entraîne quelquefois des molécules matérielles, également modelables pour la mentalité subconsciente. C'est alors que la vue ou les autres sens

d'autres personnes peuvent le percevoir. Dans l'état normal,
ce substratum rayonne variablement autour de l'organisme
qu'il ne quitte vraiment que dans les états d'hypnose et de
médiumnisme.

b) *Les facultés de l'être subconscient* sont de deux sortes :

1° Celles qui ne sont que le développement des capacités
psychiques du même genre, le côté supranormal, qui n'est
que le perfectionnement des facultés normales ;

2° Les facultés transcendantes, les différentes formes de
lucidité.

c) *Les connaissances de l'être subconscient* sont acquises,
soit normalement par l'étude, l'expérience, par l'exercice
de nos facultés normales, soit par des voies en apparence
anormales et qui sont supérieurement classées à l'égard des
précédentes, telles que les qualités prodigieuses innées, la
notion précise de faits passés ou futurs, la connaissance
de sciences ou d'arts non appris. Tel est, en lui-même, l'être
subconscient et extériorisable.

d) *Essence intime et origine de l'être subconscient.*

Sur ce point il faut avancer lentement, du connu à l'inconnu.

Nous allons voir si le fonctionnement des centres nerveux qui détermine les phénomènes de la conscience normale peut donner également une explication de la subconscience extériorisable ?

Nous allons voir s'il est logique de dire que la subconscience extériorisable est fonction des centres nerveux,
qu'elle est en ce cas suffisante pour l'expliquer et si elle n'est
pas en contradiction avec les notions matérielles.

Sur le premier point, la corrélation entre l'anatomie
physiologique et la psychologie, la proportion entre l'activité psychique et fonctionnelle n'existe pas, la fusion entre
l'activité psychique et le fonctionnement organique n'existent pas à l'égard de la subconscience pour laquelle il n'y
a pas de corrélation entre l'anatomie physiologique et les
manifestations subconscientes. De plus, l'activité subcons-

ciente est en raison inverse de l'activité fonctionnelle (hypnose, médiumnité, sommeil). Enfin, l'activité subconsciente est d'autant plus forte que l'extériorisation est plus achevée.

Donc, la subconscience n'est pas fonction du cerveau, des centres nerveux.

En second lieu, l'hypothèse n'explique rien.

Enfin, elle est en contradiction avec les connaissances subconscientes innées, parfois très profondes, non acquises par les voies sensorielles, ce qui est en effet contraire à l'adage : *Nihil est in intellectu quod non prius fuerit in sensu.*

Il ne s'agit pas en l'espèce de faculté d'apprendre, mais de connaissances apprises, d'un acquis latent qui fait irruption dans la conscience.

L'usage des facultés transcendentales ne suffit pas à expliquer ces capacités supranormales, par exemple dans le cas de la connaissance précise d'une ou plusieurs langues ignorées du sujet.

La transmission de pensée provenant d'un assistant ne suffit pas à l'expliquer. On ne peut admettre qu'un sujet soit capable de puiser dans un cerveau étranger tout ce qui est nécessaire pour comprendre, parler et utiliser un idiome ignoré.

Invoquer l'usage des facultés de lecture de pensée pour appuyer l'hypothèse de subconscience fonction du cerveau, serait se dérober derrière une équivoque.

En réalité, l'être subconscient extériorisable est le produit synthétique d'une série de consciences successives qui se sont fondues en lui et l'ont peu à peu constitué.

Puisque l'être subconscient n'est pas fonction actuelle de l'organisme et en est indépendant, il doit forcément préexister et survivre à cet organisme.

Les facultés supranormales, utilisées et développées par l'être pendant ses phases de libération de la vie organique, resteraient latentes et inutilisées pendant les existences vécues dans la chair, les incarnations successives.

A chaque existence, l'être enregistre une certaine somme d'expérience qui vient s'ajouter chaque fois à l'acquis du passé et réalise peu à peu l'être intégral, qui s'éveille de plus en plus à la conscience de la vie universelle.

2. — *L'Oubli du passé.*

L'oubli des existences passées est un bienfait. Il n'existe d'abord, à ce titre, que pour ceux dont l'évolution est encore insuffisante pour leur donner une notion instinctive de la grande loi des existences plurales et progressives. C'est purement et simplement l'ignorance du grand arcane.

En premier lieu, le cerveau matériel que nous avons en naissant est un organe neuf, qui n'a pas enregistré les faits et gestes de l'être intégral, qui est venu revêtir un nouveau corps pour reprendre la marche ascensionnelle par l'épreuve et le travail.

En second lieu, le souvenir du passé serait plutôt nuisible à notre avancement. Nous avons à expier des fautes qui peuvent avoir été graves et si le souvenir de déchéances passées venait s'ajouter à la difficulté de l'existence actuelle, si les inimités anciennes revivaient dans le souvenir des ennemis d'hier, la vie actuelle deviendrait intolérable, la réconciliation, la tendance vers l'harmonie, la marche au progrès, impossibles. Il n'y a que les êtres très évolués qui ont le souvenir précis de leurs incarnations précédentes, souvent difficiles à préciser, quand les documents publics ou privés font défaut pour en établir l'authenticité.

« Lorsqu'un être quitte l'espace pour recommencer une période sur la terre, il conserve en lui l'acquis du passé, mais cet acquis est voilé dans le cours de la nouvelle incarnation, destinée à étudier les choses qui doivent ajouter à son progrès.

« On oublie, parce que cela est nécessaire à la liberté des études nouvelles. L'un, par exemple, venant sur la Terre pour étudier l'état de pauvreté, serait plus vite découragé des durs et inévitables labeurs de ce genre d'existence, s'il savait, s'il se souvenait qu'il a été riche et puissant. Un autre, au contraire, pourrait être tellement indifférent à son sort qu'il resterait dans l'inaction et perdrait le bénéfice de sa situation.

« Il arrive souvent qu'on se réincarne pour faire une étude opposée à celle de l'existence précédente. Cependant il y a des personnes qui trouvent en elles des facultés surprenantes ; ainsi, il leur arrive de faire instinctivement des choses qu'elles n'ont jamais apprises : c'est une marque de l'acquis du passé. L'histoire des enfants célèbres prouve assez clairement que les facultés étonnantes, se révélant avant l'étude préalable qui doit les développer, ne peuvent être que des facultés retrouvées : ainsi Mozart, Pic de la Mirandole, Mondeux, Inaudi et tant d'autres. Si les enfants ne rapportent pas quelque chose de saillant des études faites antérieurement, c'est simplement parce que cela n'était pas utile, ou bien qu'ils n'avaient pas encore d'acquis bien marquant. Comment aussi pourrait-on expliquer, si ce n'est par réminiscence, ces sympathies ou ces antipathies qu'éprouvent réciproquement certains êtres dès la première rencontre, à première vue ?

« Nous oublions donc sans oublier, et mieux vaudrait dire que notre acquis sommeille et qu'il se réveille selon qu'il est utile pour notre travail nouveau. Mais à chaque désincarnation, l'être retrouve, plus ou moins vite, selon son avancement, ses souvenirs et les facultés acquises.

« Les incarnations successives sont nécessitées par le progrès ; en nous incarnant, nous venons à l'école. »

3. — *L'Atavisme personnel.* — *L'Hérédité.*

De même que les facultés les plus élevées de l'âme nous
font pressentir l'immortalité pour l'avenir, l'attrait que
présente l'étude des civilisations passées, et surtout de la
nôtre, est un souvenir confus de la part active que nous y
avons prise dans nos existences antérieures. Le progrès que
nous constatons depuis le troglodyte jusqu'à l'homme moderne est notre propre progrès : il est notre œuvre et notre
récompense. Nous avons vécu dans les cavernes, aux
époques reculées où les convulsions du globe et l'existence
de flores et de faunes monstrueuses rendaient la vie si
pénible. Et, remontant toujours plus haut dans l'histoire
de notre monde, nous avons passé par toutes les formes
et toutes les phases qui l'ont affectée. Dans l'avenir,
l'homme sera le maître des éléments, il sera l'ingénieur de
sa planète et il emploiera à l'améliorer les forces, les énergies dépensées jusqu'ici, en grande partie, dans des luttes
cruelles et stériles : notre âge d'or est dans l'avenir et
non dans le passé.

N'insistons donc pas trop sur l'atavisme, si ce n'est pour
le mieux comprendre. N'est-il pas plus simple de dire que
l'individu hérite de ses vies précédentes plutôt que de ses
ancêtres ? Il est lui-même son propre ancêtre et ses idées
innées sont l'acquis de ce passé vécu. La parenté n'est
que physiologique et les affinités intellectuelles et morales
ne sont que le résultat de relations antérieures qui vont se
perfectionnant, de même que les antipathies, souvenirs de
haines passées, de rivalités plus ou moins endormies, doivent être effacées par les efforts de la bienveillance. De
cruels ennemis se réconcilient ainsi en renaissant parfois
dans la même famille (« jumeaux qui se battent dans le sein
de leur mère »). Ici, l'oubli de telles relations est un bienfait
manifeste et indispensable au but cherché ! Le souvenir du

passé ne peut être efficace que pour l'être suffisamment évolué.

« La différence des qualités natives et de la précocité d'intelligence vient des existences précédemment vécues. Deux frères de la Terre ont pu, de l'espace, choisir la même famille pour s'incarner, sans que pour cela ils se soient connus dans leurs existences antérieures. L'un d'eux a pu apporter dans cette famille des qualités précédemment acquises par lui et que ne possède pas encore son frère corporel. L'autre, par contre, peut posséder des vertus qui manquent encore au premier et avoir des défauts dont son frère s'est déjà corrigé. »

« Voici en quoi l'éducation peut les aider l'un et l'autre : en apprenant au plus fort à aider son frère plus faible. C'est l'apprentissage de l'amour de l'humanité. Sans doute, ce n'est pas l'éducation qui donne les qualités innées, ce n'est pas non plus la parenté, puisque les ascendants peuvent avoir des enfants de caractère et de valeur morale si différents. Mais l'éducation contribue au progrès de chacun en aidant les plus arriérés par la vue de leurs frères meilleurs et en amenant les plus avancés à aider les autres dont ils sont plus ou moins responsables, suivant le degré de parenté, car le degré de parenté choisi avant la naissance pour un genre d'épreuves nouveau est un lien dont ils se sont chargés et dont ils n'ont pas le droit de s'affranchir complètement.

« Que n'ont pas dit et écrit les philosophes pour faire sentir cette vérité ! Nous sommes déjà loin du temps où l'on faisait retomber sur les enfants les fautes des parents. Nous n'avons, cependant, pas encore assez fait, car il y a bien des préjugés à abattre touchant cette injustice révoltante.

« Les enfants sont moins responsables encore des fautes des parents que ceux-ci, quand ils ont fait leur devoir, ne le sont de celles de leurs enfants ; ce qui revient à dire que les enfants ne doivent supporter aucune tare morale et que c'est lâcheté de les repousser. »

4. — *La Métempsychose.*

La métempsychose n'a jamais été un article de foi des
mystères de l'Égypte. Pour beaucoup de gens, elle résume
l'essentiel de ces mystères, alors qu'en réalité elle n'en
fait pas même partie intégrante. Les prêtres l'enseignaient
au vulgaire, en la considérant comme un épouvantail destiné à impressionner les âmes simples et à les maintenir
dans la discipline. Au lieu de leur faire peur du diable et
du feu éternel, on leur disait : « Si vous faites le mal vous
reviendrez dans le corps d'un animal, d'autant plus vil que
votre faute aura été plus grande. » Nous sommes donc là
bien loin de la conception d'une loi scientifique et nous
l'établirons clairement en posant simplement le principe
de la réincarnation des êtres, quels qu'ils soient. Tous les
êtres de la Nature se réincarnent un nombre indéfini de
fois, mais toujours dans un sens progressif. C'est ainsi que
s'explique l'évolution des races et l'histoire des peuples
par l'éternelle ascension vers le mieux. Cette gradation se
continue de mondes en mondes, et les civilisations qui
semblent disparues, comme celle de la Chine, ne sont pas
dégénérées, comme on le croit, mais passées de notre plan
sur des mondes meilleurs où elles ont acquis une extension que nous ne pouvons pas soupçonner. Des êtres venus
de l'animalité à l'humanité les ont remplacées.

Cet échange est constant. C'est la vie intense qui monte
des plans inférieurs vers les plans plus élevés, c'est le flux
des êtres vers la vie universelle et progressive.

5. — *Le Rayonnement humain.*

Le corps humain dégage des radiations. Des rayons éma-
nent de notre organisme et leur puissance est influencée

par la surexcitation nerveuse et la contraction musculaire. L'action de cette autre catégorie des rayons X se constate par le platinocyanure de baryum. Elle l'excite et l'éclaire dans l'ombre. Si l'on présente un écran sensible au-devant du corps d'un sujet qui produit plus abondamment ces radiations (car tous en produisent), on peut voir se dessiner sur l'écran, en traits de lumière, le parcours du tronc et de ses multiples ramifications.

L'homme, en particulier, est un réservoir de forces à peine soupçonnées qui produisent leurs effets, souvent puissants, même à distance. Le flux nerveux est une matière qui brûle, éclaire et peut laisser des traces. L'être humain est, au demeurant, un merveilleux appareil, qui a sa valeur électrique propre et ses rayons X.

Le baron de Reichembach, né en 1808, à Stuttgard, s'occupa beaucoup du magnétisme et de l'électricité, études auxquelles le prédisposaient ses recherches spéciales en chimie.

« Nous avons tous, dit-il, des doigts ; nous nous en servons constamment et nous leur donnons toutes les positions possibles dans toutes les circonstances imaginables.

« Mais quelqu'un a-t-il jamais vu, en plein jour, sortir des doigts autre chose que les produits de la respiration cutanée ? Eh bien, placez-vous dans une chambre faiblement éclairée, et tenez votre main vis-à-vis de vos yeux, à la distance habituelle de la vision distincte. Considérez alors les extrémités de vos doigts se détachant sur un fond obscur disposé à quelques pas en arrière. Les personnes sensitives verront, au-dessus de l'extrémité de chaque doigt, une sorte de faible courant, sans couleur, non lumineux, semblable à de l'air mobile, long de quelques lignes, se dirigeant vers le haut, inclinant vers le sud, suivant les doigts, de quelque côté qu'on les tourne. Ce n'est pas de la fumée, ce n'est pas de la vapeur, cela a l'air d'une petite flamme semblable à un courant ascendant d'air chaud, beaucoup plus délicat. Ce quelque chose d'infiniment subtil, que les sensitifs aperçoivent, mais dont on ne connaît pas la nature, c'est autre chose que les agents dynamiques tels que l'électricité, le magnétisme, la chaleur et la lumière. Ce quelque chose qui présente à la main des propriétés variées, aussi bien dans sa manière d'être propre que dans l'ensemble des phénomènes qui s'y rattachent, pourra être désigné sous le nom d'od, jusqu'à ce qu'on ait trouvé une expression meilleure. »

Depuis la mort du baron de Reichembach, remontant à trente ans, l'étude de ce genre de phénomènes avait subi un arrêt, au cours duquel le vieux magnétisme animal, si longuement décrié, devait recevoir le baptême officiel, sous le nom d'hypnotisme. Les études de laboratoire sur ces forces inconnues restèrent stationnaires.

C'est alors que le colonel de Rochas d'Aiglun reprit ces recherches. Il retrouva ces effluves lumineux, d'une lumière particulière. Il y vit des ondes sensibles, capables de traverser la matière et de s'étendre à une certaine distance. Il les fit examiner et décrire par les sujets clairvoyants, capables de les constater. Ceux-ci aperçurent des radiations, rouges d'un côté du corps, bleues de l'autre. Il extériorisa ce fluide et crut y reconnaître le fameux od de Reichembach. Il en impressionna de l'eau ou des substances qui restaient en communion avec la personne qui avait agi sur cette eau ou ces substances. Il semblait qu'il y eut un lien mystérieux entre les objets et l'opérateur. Le colonel fit constater que des radiations pouvaient s'échapper des mains et qu'un halo pouvait s'apercevoir autour de certaines physionomies

L'auréole des saints, des messies, des bouddhas, qui rayonne autour de leur tête pour exprimer l'efficacité de leur pensée persuasive sur leurs frères humains, n'est plus un mythe religieux. La science contemporaine a découvert, avec une certaine stupéfaction, que le cerveau dégage une force radiante. Si l'on approche du front d'un causeur, devant la circonvolution de Broca, source ner-

veuse de la parole, un tube de verre, contenant une rondelle de laiton, enduite de sulfure de calcium phosphorescent, celui-ci s'illumine. Tant que la personne parle, la
rondelle brille. Aux moments de silence, elle s'éteint, ou
tout au moins l'incandescence s'atténue considérablement.
Elle ne se produira pas, bien que le causeur parle, si on
place ailleurs le tube de verre.

Il s'ensuit qu'un esprit en travail, une imagination
féconde, une extase, crée autour de l'organe une véritable
auréole lumineuse.

Le progrès permettra de constater le travail des cerveaux.
Des expériences faites permettent déjà d'espérer que l'on
pourra par la suite les étudier tous.

M. Charpentier, de Nancy, a déjà établi la transformation du travail nerveux en phosphorescence. Le tube s'illumine auprès d'un bras en travail, le long de la moelle épi-
nière. Si on prépare un écran, on le voit briller davantage
quand l'expérimentateur contracte les muscles.

Tout laisse supposer que ces rayons, les rayons N, agissent, d'individu à individu, comme les ondes hertziennes
entre le poste émetteur et le poste enregistreur.

On se souvient des intéressantes controverses qui se
soulevèrent, quand William Crookes, le grand physicien
anglais, photographia le fantôme Katie King, émané d'un
médium. Probablement la plaque avait enregistré les rayons
N, hyperesthésiés par ce médium.

Lorsque le colonel de Rochas fait l'expérience de l'extériorisation de la sensibilité et qu'il pince l'air à quelques
mètres du patient, celui-ci ressent la douleur, alors que
les mêmes attouchements tentés sur le corps même du
sujet le laissent inerte.

La magie a toujours enseigné qu'une radiation fluidique
pouvait se manifester autour de l'être physique. Les initiés des anciennes religions, les apôtres, les prophètes se
transfiguraient. Les textes disent qu'ils s'entouraient de
nuages lumineux. Moïse est représenté couronné de lumière

et l'une des flammes s'élance précisément de l'emplace-
ment de la circonvolution de Broca. Les mages d'Égypte
et de Chaldée constatèrent que la force peut s'extérioriser
fluidiquement.

En sociologie, les applications de ce principe sont importantes. Elles pourront surtout le devenir par la connaissance et le maniement des forces fluidiques. On sait que,
dans tout groupement, chaque personnalité apporte les
éléments d'influence qui fusionnent dans une sorte d'âme
collective, qui retentit à son tour sur chaque individualité.
Il se crée une sorte de discipline psychique, au fur et à
mesure de l'entraînement du groupe, qui provoque des courants d'antipathie et d'affinité sympathique. Les membres
du groupe qui ont le plus de valeur fluidique impression-
nent les autres et les dirigent, même à leur insu. C'est, après
la phase de l'apport sympathique, celle de l'agglomération
défensive et offensive. Puis, lorsque les personnalités ont
donné tout leur essor, les facultés de chacun, accrues par
l'endoctrinement mutuel, tendent à se séparer, après les
phases des rivalités inéluctables.

Toute la chimie de la persuasion pourra naître, un jour,
de ce domaine inattendu et nous expliquer nettement les
influences, les suggestions de l'orateur, du séducteur, les
raisons de la compacité et de la dispersion du mouvement.
C'est là qu'est la source de ces sympathies sans raison
apparente, de ces antipathies soudaines que rien ne semble
justifier.

Une ère nouvelle commence qui mettra d'accord les pos-
tulats de la tradition antique et les données de la science
moderne. On verra que des propagandistes insuffisants
ont faussé les vraies croyances des initiés. On renouera la
chaîne interrompue par l'intransigeance étroite des clergés
et le scepticisme trop facile des savants. On verra que les
symboles, les légendes, les évangiles n'ont été donnés que
comme des méthodes pédagogiques pour attirer l'attention
des masses, les décider à l'union morale pour amener

ensuite leurs élites à l'initiation, c'est-à-dire à l'explication secrète et rationnelle des paraboles.

La part de l'imagination intuitive est énorme dans le domaine des découvertes où le réel, deviné, entrevu, est encore inconnu dans l'expression et le détail et ignoré totalement de qui n'a pas cette intuition. Ne rions pas du miracle, ne le nions pas avant d'en avoir examiné le rationalisme latent.

L'identification de la lumière et de l'électricité confirme les vérités que les zélateurs du Feu, de l'Agni Védique, prêchaient autrefois dans leurs sanctuaires.

La force électricité-lumière n'est que le revêtement, l'apparence des vibrations, du mouvement. Et le mouvement est à la base de tous les phénomènes connus, comme cause principiante et condition d'existence. Il engendre la vie universelle, il préside à la construction des forces.

En adorant la foudre de Jupiter, les cierges de Pâques, Ormuzd et les dieux solaires, nos ancêtres ne furent pas aussi candides que nous voulons bien le supposer. C'est en propageant ces idées que les élites savantes de jadis apprenaient aux masses l'essentiel de la vérité profonde, de la science générale, à laquelle tendent actuellement les Universités modernes.

Mais l'auréole des saints ne leur est pas exclusivement réservée. Toutes les mentalités de valeur, dans une branche quelconque de la pensée humaine, produisent ces radiations magnétiques, ces auréoles psychiques.

L'homme s'irradie comme la lumière, parce qu'il devient plus puissant et reflète mieux, de jour en jour, le monde qui l'environne et dont il pénètre peu à peu les merveilleux arcanes.

6. — *Les Formes-Pensées.*

On se souvient du captivant ouvrage de C.-W. Leadbeater, intitulé : *L'homme visible et invisible.* Ce travail a
fait connaître que chaque être était entouré d'une ambiance
psychique, qui est le résultat exact de sa propre mentalité
et de son activité psycho-physiologique. Cette ambiance,
qualifiée *aura* par C.-W. Leadbeater, se présente sous une
forme ovoïde, au centre de laquelle se trouve l'être psychique, dont les qualités, le degré d'évolution se traduisent,
dans cette ambiance, par des couleurs, par un rayonnement
de nuances vibrant intensément, dont nos grossières couleurs
humaines ne donnent qu'une faible idée et qui se conjuguent,
se mélangent, dans un rapport proportionnel et mathéma-
tiquement dosé, selon le niveau de progression atteint par
le sujet. Les énergies psychiques et les pensées matérielles
qui s'y rattachent, donnent des courants odiques d'une
teinte sombre. Les vices, les pensées mauvaises, l'égoïsme,
l'avarice, se révèlent par des aspects violents, troubles,
tandis que les couleurs de la spiritualité, de l'enthousiasme pour le bien, des aspirations idéales se traduisent
par les teintes les plus pures, les plus ravissantes.

Comme suite à ce curieux livre, Annie Besant et C.-W. Leadbeater ont publié un second travail *les Formes-pensées*
qui sont une étude plus détaillée des nuances et des
mentalités qui s'y rapportent. Le pouvoir de la pensée s'y
révèle d'une façon précise. Les pensées sont des forces qui
ont forme et couleur, et leur émission, le résultat de cette
émission, est rendu appréciable par ces observations. Nous
saurons d'une façon précise qu'elle est la responsabilité
morale des pensées auxquelles nous nous laissons aller ou
que nous recherchons. Ce travail intime crée autour de
nous, dans cet *aura*, une sorte de potentialité intellectuelle

et morale dont dépend notre sort futur. Nous en sommes ainsi les artisans, dans les plus petits détails. Nous insistons ici sur la haute valeur morale de cette révélation. Elle nous fait comprendre qu'il dépend de nous d'être heureux. en dirigeant nos pensées vers ce qui est beau, bon et juste. De là, la nécessité palpable de nous épurer de plus en plus, de nous débarrasser des scories morales qui font de sombres taches dans notre ambiance psychique, pour produire des fluides plus purs, qui nous mettront en communication intuitive avec un plan plus élevé.

L'influence de cet *aura* a d'ailleurs été souvent ressentie, presque physiquement, dans le voisinage de telle ou telle personne, dont la présence cause une mystérieuse satisfaction ou une contrainte qui étreint l'âme péniblement. Telle est la secrète conversation des âmes qui échangent, par cette télépathie, des sensations intenses que les arts seuls peuvent à peine traduire. Les lèvres se taisent et les âmes s'étreignent, avec délices ou horreur.

Ces qualités, une fois acquises, se fixent dans le corps causal. Ce sont les « idées innées » de Leibnitz, les dispositions que tel enfant montre pour les arts ou les sciences. Ce corps causal est le corps immortel, où sont gravés tous nos efforts, toutes nos luttes, tous nos espoirs et toutes nos chutes. A nous de le perfectionner par la pratique de la charité universelle bien comprise. Il ne dépend que de nous d'être meilleurs et par suite plus heureux.

Ajoutons, comme commentaire, l'analyse d'une seule figure de ce merveilleux livre. Soit la page 34, prise au hasard. J'y vois la représentation de formes-pensées émises par deux personnes qui suivent un enterrement. Aucune confusion possible entre ces images provenant de deux amis du défunt. Quelle différence dans leur amitié. Le premier est un égoïste peu évolué, qui n'a que rarement songé au phénomène de la mort. La mort l'effraie, elle n'est pour lui que la fin de la petite vie fermée et toute de bien-être qu'il s'est arrangée. Il songe aux intérêts qu'il perd en

perdant son ami, à tel point qu'il voudrait le faire revivre.
Cet égoïsme féroce est symbolisé par une sorte de cro-
chet, analogue à ceux que produit la convoitise. L'autre
ami, l'ami véritable celui-là, est animé d'une profonde
sympathie pour les parents dont il partage le chagrin. Il
souffre plus pour eux que pour le défunt qu'il sait délivré
de l'épreuve d'ici-bas, et à même de réaliser les aspirations
sublimes que leur conception de l'universelle Harmonie
avait fait entrevoir à leur communisme spirituel.

Chaque page de ce livre est une révélation, et nous ne
saurions trop en recommander l'examen à tous ceux qui
rêvent de notre devenir, qui songent aux tendances de
l'humanité entière vers un universalisme fraternitaire, qui
permettra de réaliser un mode de vie où les aspirations de
l'âme prendront un essor que nous prévoyons, mais dont
aucune conception, si sublime soit-elle, ne peut encore
nous donner l'idée.

7. — *La Photographie de l'Invisible.*

L'étude des formes-pensées conduit tout naturellement à
celles de la photographie de l'Invisible qui confirme, par
l'intermédiaire de la plaque sensible, l'existence de ce
monde invisible et complexe, fourmillant de vie, qui nous
entoure de toutes parts.

Peu de chercheurs se sont encore aventurés sur ce terrain nouveau. Pourtant on a obtenu des résultats déjà suf-
fisants pour faire entrer en ligne de compte, au point de
vue scientifique, l'acquis réalisé dès maintenant.

L'avantage de ce genre d'expériences consiste dans la
facilité que l'on a de les faire soi-même, à une époque où
les talents de photographe amateur sont encore plus répan-
dus que les palmes académiques.

Disons donc de suite de quelle façon il convient d'opérer. Il y a plusieurs méthodes. La plus simple consiste à
opérer sans appareil photographique. Prenez place dans
une chambre noire pour impressionner une plaque que vous
avez disposée dans le bain et au-dessus de laquelle vous
dirigez les doigts en faisceau de façon à rester à deux centi-
mètres au moins au-dessus de la cuvette. Maintenez-vous
dans cette position pendant dix à quinze minutes. Pendant
ce temps votre pensée doit rester à la fois passive et con-
centrée, désirant obtenir un résultat, mais sans préciser
quoi que ce soit. Cet état d'esprit est parfois difficile à
créer, il y faut un certain entraînement.

Le temps de l'impression écoulé, ce dont il est bon d'être
averti par un aide qui reste à l'extérieur, on développe
immédiatement le cliché, même s'il ne semble pas devoir
être impressionné, car toujours le papier révélera quelque
chose.

L'examen de la feuille ainsi obtenue présente généralement des tourbillons de formes et de forces plus ou moins
nettes, selon la force psychique de l'opérateur. Les résultats les plus intéressants se révèlent à la transparence d'une
lampe basse que l'observateur maintient à la hauteur de sa
physionomie et dont il règle l'intensité au fur et à mesure
de son examen. Bientôt, après quelques minutes d'attention, on remarque des figures, de tailles diverses et combinées entre elles, qui se révèlent très nettement dessinées.
En prolongeant cet examen, des scènes entières apparaissent, puis des signes cabalistiques, des signes et inscrip-
tions en langages modernes, mais surtout en styles anciens
et parfois inconnus. L'ombre qui souligne un visage, exa-
minée à la loupe, avec la patience voulue, révèle une sen-
tence, des chiffres symboliques, des noms qui sortent du
mystère pour y rentrer de nouveau quand on éloigne la
feuille de la lampe, et en ressortir encore quand on la rapproche. Toutes les photographies, même les plus banales,
sont impressionnées de la sorte.

Il est bon de tirer plusieurs feuilles du même cliché, pour s'assurer que les dessins ne proviennent pas du papier, mais bien de l'impression fluidique de l'opérateur, car le papier lui aussi, et probablement tout ce qui nous entoure, est profondément impressionné par l'Invisible. En examinant un papier quelconque, pourvu qu'il ne soit pas trop épais et lisse, à la transparence d'une lampe, on y remarque les mêmes manifestations que dans les photographies, bien qu'à un degré moindre.

Nous sommes là sur le seuil d'un monde invisible, où des résultats bien curieux attendent l'initiative des chercheurs. La méthode, indiquée ci-dessus, mise en œuvre par le Président de l'Union Eclectique Universaliste, a donné les meilleurs résultats et des recherches sont poursuivies actuellement pour aboutir à une précision de plus en plus grande.

Nous ne saurions à cet égard passer sous silence les expériences de l'un de nos membres d'honneur, le docteur Baraduc connu pour sa spécialisation dans la photographie du monde invisible. Le docteur Baraduc a fait en 1908 une série de conférences sur ce sujet, tantôt à l'Athénée Saint-Germain, tantôt à Neuilly où il soignait les maladies nerveuses, diagnostiquées par ses procédés psychiques, tantôt en Angleterre où ces questions sont à l'ordre du jour.

On ne sait ni vivre ni mourir, disait le docteur. En réalité la vie est bicéphale. Elle existe sur deux plans : celui qui réalise et celui qui détruit. La mort normale est un soulagement. Elle n'a rien de l'horreur qu'on lui prête. Ce sont des horizons nouveaux. C'est le plan de la lumière, de la liberté, de la réalisation de toutes les facultés qui n'ont pas eu leur bonne expansion, leur plein épanouissement ici-bas, c'est là qu'éclosent et renaissent toutes les espérances déçues.

La photographie permet de saisir une ébauche bien curieuse du deuxième plan de l'existence, du développement de l'âme, quand elle abandonne le corps, comme un vêtement usé. Des projections firent voir les liens télépathiques, plus ou moins intenses, allant impressionner les personnes désignées par l'opérateur ou sensibles par synchronisme aux nuances de la pensée projetée.

C'est tout le domaine de la suggestion inconsciente, des forces et des formes-pensées, objectivé, par la photographie. Bien curieuse aussi la projection qui nous fit voir la rupture du lien vital, au-dessus d'une personne qui vient d'expirer, ainsi que les boules mentales ou globes lumineux, rappelant l'auréole des saints et qui entourent les fronts, sous l'influence d'une pensée charitable, d'une prière, d'un acte intellectuel généreux, d'un sentiment élevé.

Une fois de plus, nous remarquons la justesse de certaines expressions courantes qui caractérisent des vérités insoupçonnées. Tels sont ici les liens de sympathie et d'affection qui existent réellement, objectivement et que révèle la photographie

8. — *Méthode d'Expérimentation psychique.*

Les conditions d'expérimentation sont très délicates, surtout en ce qui concerne le choix des éléments constitutifs du groupe. Celui-ci doit être assez restreint. Les membres doivent s'abstenir de tout esprit de parti, éviter la crédulité autant que l'incrédulité, être animés d'un sincère désir de s'instruire. Les expérimentateurs favoriseront l'obtention des résultats en faisant, dès le début de la séance, un appel sincère aux forces dirigeantes, avec cet élan de l'âme qui est la vraie prière, la plus grande concentration de notre pensée vers l'idéal. Il n'y a pas de formules toutes faites pour cela. C'est le cœur qui doit parler et les lèvres ne doivent faire que suivre et exprimer la pensée spontanée.

Une grande prudence est nécessaire. Il s'agit, en effet, d'entrer en communication intime avec des forces encore peu connues, de se mettre en rapport avec des intelligences libres, que ce soient des êtres libérés de notre plan, ou encore vivants et extériorisés par le moyen du sommeil spontané ou provoqué.

Il est indispensable d'établir une discipline éclairée et sans complaisance entre les membres du groupe. Ce sera le rôle de la personne la plus sympathique et la plus cultivée et bien au courant des divers modes de communication entre les plans visible et invisible. L'idéal serait que tous les membres du groupe remplissent ces conditions.

On doit laisser, autant que possible, les forces et les intelligences se manifester d'elles-mêmes, après l'appel psychique profondément recueilli, la prière intérieure, intellectuelle et morale, qui doit ouvrir la séance. Il faut éviter les questions futiles, oiseuses, frivoles ou de mauvais goût et surtout intéressées. Les spéculations entraînent parfois des suites dangereuses, souvent des drames et des catastrophes. Les réponses, exactes pendant quelque temps, ne sont que la trame habilement ourdie par les mystificateurs invisibles, qui finissent toujours par confondre les imprudents.

Dans un groupe bien conduit, il se présente fréquemment, surtout au début, des êtres souffrants pour lesquels il ne faut pas ménager les conseils, les exhortations morales qui les incitent au repentir et les ramènent au bien. Ce genre de communication est d'un grand intérêt, tant pour l'instruction de l'assistance, que pour le dégagement des entités. Des identités s'établissent fréquemment, dans ces circonstances, par l'une quelconque des formes de médiumnité, preuves précieuses de la survie, où les détails abondent au profit de la conviction des spectateurs. Assez souvent, des entités se présentent, accablées de douleur, demandant que l'on mette un terme à leur épreuve, qu'on leur donne une explication relative à leur situation, dont elles ne se rendent que plus ou moins parfaitement compte. Il en est beaucoup qui ignorent même qu'elles ont quitté l'enveloppe charnelle et qui conservent l'illusion de vivre inaperçues au milieu des humains. Ce sont ces personnalités qui produisent la hantise des demeures habitées ou abandonnées. Il faut leur indiquer, à la fois avec fermeté et avec douceur, la voie du progrès moral qui les libérera de l'épreuve qui les étreint, en leur expliquant la raison d'être de cette épreuve même et son rôle de mode progressif d'éducation et d'évolution de l'être.

Le chef du groupe posera seul les questions. Il fera seul les observations qu'il jugera convenables, en utilisant celles que lui feront à tour de rôle les spectateurs.

Les séances doivent être régulières et à jour fixe, sans aucune défaillance. Il faut être armé d'une patience à toute épreuve, car certaines médiumnités ne se développent qu'au bout de plusieurs mois et parfois bien davantage. Dès les premières séances, les médiums seront tout au moins soupçonnés. Ils serviront généralement seuls à provoquer les phénomènes, pendant que les autres personnes observent avec soin, établissant, par leur attention constante, un contrôle de tous les instants, le tout sous la direction morale du président. Un ou plusieurs assistants, non médiums, joueront le rôle de secrétaire, précisant surtout les identités, les dates, les détails positifs saillants.

L'entente, faite de sentiments élevés, en un mot la sympathie éclairée sera l'élément le plus favorable à l'obtention des résultats, et le président devra veiller à la cultiver et à la maintenir.

On peut être assuré d'aboutir si l'on agit avec sincérité, patience et bonne foi. Le chef de groupe décidera, par la suite, de l'opportunité des invitations à faire, dans un but de propagande. La plus grande réserve, une prudence avertie doivent le décider à accepter ou à refuser momentanément la présence de telle ou telle personne.

En général, il est bon que les nouveaux venus aient lu les ouvrages qui exposent la doctrine et ses méthodes, afin que ce domaine, nouveau pour eux, ne le soit pas trop. Sans cette préparation, ils n'en tireraient aucun profit et gêneraient les phénomènes par leurs pensées non adaptées et qui sont des forces magnétiques, dont l'éducation psychique doit être faite. Le maniement de ces forces et l'appréciation de ces forces est donc fort délicat.

La foi n'est nullement nécessaire, mais une certaine bienveillance et surtout l'impartialité et la loyauté aident beaucoup. Un scepticisme aimable est très utile à l'observation.

Il faut encourager, par-dessus tout, la formation des groupes de famille, formés entre personnes qui se connaissent bien. Quelle que soit la valeur d'un médium, vous ne pouvez pas lui accorder la même confiance qu'à vos proches et à ceux dont vous connaissez le caractère et les habitudes mentales.

Les lectures faites en commun sont très efficaces pour l'instruction du groupe, l'harmonie des pensées, et les discussions cordiales qui s'en suivent entraînent les assistants à s'exercer à exposer et à défendre par la parole les idées nouvelles, destinées à hâter l'évolution générale vers des phases progressives de moins en moins douloureuses.

Il est important de ne pas faire intervenir d'influences hypnotiques et de laisser le sujet passivement soumis à l'action de l'Invisible. On ne doit jamais toucher le médium, même s'il tombe à terre, ou s'il se cogne aux objets environnants. Les forces invisibles le protègent et, comme on peut le constater en pareil cas, il ne ressent rien et n'en a aucun souvenir au réveil. Le contact d'une autre personne intervenant mal àpropos provoquerait des troubles qui pourraient être graves. Dans ces conditions, la patience et la bonne foi seront toujours récompensées au delà de ce qu'on peut espérer.

Telles sont les généralités, dont l'application donnera
les résultats désirés par les chercheurs sincères. Le détail
de ces grandes lignes se trouve exposé dans les ouvrages
des maîtres qu'il convient de relire et de méditer soigneu-
sement avant de tenter quoi que ce soit. Les ouvrages de
MM. Gabriel Delanne, Léon Denis, de Rochas, Flamma-
rion, Aksakof, etc., contiennent les indications les plus
précises et les plus complètes,

9. — *Différents procédés.*

Ces considérations d'ordre général étant posées, il s'agit
de dire quels sont les différents modes de communication
qui nous mettent en relation avec le monde invisible. C'est
le chapitre de la médiumnité, faculté qui prend les formes
les plus variées.

Le médium se distingue du commun des mortels par un
plus grand développement de dispositions que nous pos-
sédons tous en germe.

La plus connue de ces facultés est l'intuition, le pres-
sentiment, Beaucoup de personnes se souviennent, après
plus ou moins de réflexion, de faits de ce genre.

Les rêves eux-mêmes sont une source copieuse d'observations animiques des plus intéressantes. Le pressenti-
ment prend souvent cette forme. On lui donne alors le
nom de prémonition ou avertissement préalable et les rêves
qui les procurent sont dits prémonitoires. Les faits de
somnambulisme, conscient ou inconscient, spontané ou
provoqué, nous font pénétrer plus directement encore dans
l'inconnu, dont les phénomènes médianimiques proprement dits donnent la clef aux expérimentateurs patients et
sincères.

Les phénomènes médianimiques se divisent en deux catégories, en deux séries de résultats, dont la hiérarchie ne comporte pas entre elles de solution de continuité. Les uns, les plus inférieurs, sont produits par les forces les moins évoluées qui, par leur densité, séjournent volontiers dans l'ambiance immédiate, généralement inférieure aussi et qui les attire par affinité. Dans cette catégorie, on compte les phénomènes physiques, mouvements d'objets, de corps pesants avec ou sans contacts, tables tournantes, impressions dans la paraffine ou toute autre substance, qui, mise à même de recevoir des traces du passage des Invisibles, qui se manifestent pendant les séances, en conservent des empreintes en profondeur ou en relief, empreintes de visages, de mains, ne ressemblant à rien de semblable dans l'assistance. Puis, les apports d'objets les plus divers ou d'êtres vivants, rappelant les merveilleuses expériences des fakirs et des yoguis.

L'autre catégorie de phénomènes, de beaucoup la plus intéressante, se rapporte aux faits intellectuels, obtenus par l'écriture, la parole et la matérialisation des Invisibles, qui viennent réapparaître et revivre pour quelques instants dans le milieu terrestre et prouver à leurs successeurs que la mort n'est qu'un changement d'état, un autre plan de vie.

Il y a aussi la voyance, l'audition, la guérison, etc., toutes facultés qui, comme les précédentes, d'ailleurs, voient se mêler en elles les plans matériels et les plans spirituels.

Il est un excellent mode de communication qui tient à la fois, et en petit, de la table et en outre, des phénomènes intellectuels. C'est la planchette alphabétique, constituée par un alphabet tracé sur un carton et par un curseur ou planchette mobile qui indique les lettres, épèle les mots sous l'impulsion de la main du médium, guidée par la force médianimique à laquelle il s'abandonne passivement. On obtient par ce moyen des communications rapides, des ouvrages entiers, dont les auteurs invisibles dictent généralement la table des matières en commençant. Nous connaissons plusieurs ouvrages de ce genre. On obtient les preuves d'identité les plus diverses. Nous avons personnellement connaissance d'une généalogie qui fut complétée par ce procédé.

Ceux qui obtiennent des résultats par la planchette sont tous plus ou moins aptes à faire de l'écriture médianimique, soit mécanique, soit semi-mécanique, soit intuitive. Il suffit, pour tenter ce genre d'expérimentation, de se mettre en place pour écrire durant cinq minutes par jour et à heure fixe. Au bout d'un temps plus ou moins long, les personnes qui sont appelées à voir leurs efforts en ce sens couronnés de succès sentiront des picotements aux extrémités des doigts, des élancements électriques dans le bras et, enfin, la main, entraînée par une force étrangère, tracera des zigzags, des hiéroglyphes qui se transformeront, au bout d'un certain nombre d'essais, en lignes d'écriture ou en dessins.

Les procédés à employer pour développer les différents genres de médiumnité sont exposés tout au long dans les très nombreux ouvrages qui traitent de ces questions. Il faut, avant tout, observer les conditions générales dont nous avons fait mention dans le chapitre précédent. Il faut surtout aborder ce domaine avec un désintéressement absolu, le sentiment de respect qui convient au culte des morts, auquel tous les hommes sont sensibles, et se dévouer avec humanité au soulagement des infortunes physiques, intellectuelles et morales. C'est là le meilleur talisman.

Pour terminer, nous insistons sur le danger qu'il y aurait à se livrer à ces recherches, s'il arrivait que l'on soit animé de sentiments de curiosité malsaine, de sentiments de vengeance ou de perversité. Nous connaissons des cas où des expérimentateurs de ce genre ont payé de leur vie leur témérité déplacée. Il en est de même pour la cupidité et tous les désirs intéressés et égoïstes. Le livre du docteur Maxwell, publié chez Alcan, sur *les Phénomènes psychiques*, rapporte, *in fine*, l'histoire d'une personne qui s'engagea imprudemment dans une série d'expériences qui avaient pour but de connaître à l'avance le cours de la Bourse et d'agioter ainsi à coup sûr. Après quelques essais fructueux, elle y perdit brusquement toute sa fortune, y compris ce qu'elle possédait autrefois. Les exemples de ce genre sont nombreux, mais les victimes, on le conçoit, se gardent bien d'ébruiter leur défaite.

Par contre, l'honnête homme, animé de sentiments sincères et généreux, n'a jamais rien à redouter dans ce domaine d'expérimentation, bien au contraire, il y développe son influence morale et le bonheur qui en découle naturellement.

10. — *Les Sons et les Nombres.*

Avec les vibrations sonores, l'homme pourrait arriver à de curieux résultats s'il en connaissait la loi de conduite et d'essor complet. En effet, chaque molécule matérielle, prise isolément, contient une tonalité propre et, pour ainsi dire, personnelle.

L'agglomération de ces molécules variant à l'infini contient, à son tour, une harmonie d'ensemble, et tout dans la vie est son. Il faudrait pouvoir arriver à conduire et à agencer les divers sons émis par ces ensembles de molécules et, par le moyen d'un diapason approprié, les réveiller de leur torpeur potentielle, à moment voulu, pour les diriger avec une raison déterminée et l'on obtiendrait des énergies, capables de déplacer, de pénétrer, de dissocier, d'annuler d'autres ensembles de molécules et par avoir raison des distances, quelles qu'elles puissent être.

L'optique de l'avenir, l'optique à longue portée, permettra l'éclosion probable d'applications inattendues sous ce rapport. Actuellement, cela paraît être du domaine hypothétique seulement, mais, dans un avenir donné, l'utilisation des vibrations, qui sont toutes sonores, même dans le vide relatif que l'on peut obtenir, ces courbes de consonnances et de dissonances, bien interprétées, recevront les applications multiples dont l'ensemble nous paraîtra un nouveau don de la Nature.

Les corps à surface lisse sont des conducteurs choisis du son. Ainsi, en touchant une note quelconque, soit d'un clavier, soit d'un instrument sonore, on entendra, en prêtant bien l'oreille, cette note se répercuter sur les objets à surface polie environnants. C'est cette note qui fait l'office de pierre de touche et de diapason.

A l'expiration de votre note, la communion de sonorité cesse également pour se réveiller à nouveau lorsque vous la réveillez avec la même note d'induction. Nous sommes donc environnés de forces et de puissances, dont on ignore encore l'utilisation pratique.

D'ailleurs, tout mouvement est sonore et lumineux. Grâce à ce qui se passe avec le concours de la plaque photographique, en ce qui concerne l'organe de la vue, on peut admettre qu'un procédé aussi délicat, approprié aux autres organes, donnerait des indications tout aussi précieuses, sur ces états mystérieux qui nous baignent de toutes parts.

C'est sans doute au moyen d'êtres privilégiés et particulièrement doués au point de vue du développement normal de tel ou tel organe, que l'humanité arrivera à perfectionner, d'abord la photographie, pour laquelle il reste encore du chemin à faire, et de même pour l'éducation supérieure des autres sens, acoustique et tactilité.

Lorsque l'homme saura que son corps aqueux n'est pas imperméable aux vibrations nombreuses et variées qui le pressent en tous sens, il comprendra tout le parti de progrès qu'il pourra tirer de l'étude de l'application des nombreuses forces, dites actuellement inconnues. Les mathématiques de l'avenir nous en donneront les formules.

11. — *Les Lumières cosmiques.*

Bien que nous réservions les arcanes d'initiation pour notre ouvrage en préparation, *La Cosmogenèse universaliste*, nous exposerons ici quelques données rapides sur les sept lumières cosmiques extra-humaines, révélées par la plaque photographique. En voici le tableau :

1° La lumière oculaire (feu solaire, visible à l'œil) (1er plan).

Lumières invisibles, parfois visibles.

2° Clarté cosmique, lumière noire de Lebon :

a) Fluide électrique, visible dans l'obscurité, lumière électro-humaine de Jodko ;

b) Lumière magnétique terrestre, effluves de l'aimant, visible par les sensitifs, fantôme de l'aimant.

Lumières invisibles, occultes, iconographiques.

Lumière vivante cosmique (2° plan).

3° Feu consompteur, agent de dissolution subtilisant les sels d'argent.

4° Lumière de la force vitale, agent de cohésion

5° Psychod, Verbe-Vie, Esprit universel, équilibrant, prépondérant.

6° Rayonnement absolu, chutes d'entendement, agent illuminateur.

7° Signe de l'Esprit créateur ; amour créateur, moralisateur.

Nous nous bornons à cette énumération, dont l'étude remplirait plusieurs volumes. Les vrais initiés connaissent d'ailleurs ces arcanes, car la véritable initiation ne se donne pas, elle s'acquiert. C'est une question d'évolution.

Demandons-nous seulement ce qu'est la lumière.

Qu'est-ce que la lumière ?

Au point de vue de la physique courante, c'est la perception visuelle d'un mouvement vibratoire. Encore faut-il qu'il y ait vision à ce point de vue. On a pu calculer cette vibration. Elle varie dans son étendue de 60 à 80 millièmes de millimètre, d'un mouvement expansif et contractif produit 500 à 800 trillions de fois par seconde. Au-dessus et au-dessous, l'œil ne perçoit pas la lumière, qui n'en existe pas moins.

Mais ce qui échappe à l'œil, la plaque sensible le perçoit. La sensibilité est telle qu'elle enregistre ce qu'on pourrait appeler la lumière du son produite par une explosion de poudre, le son ne vibrant que 75.000 fois à la seconde, dans une zone de 5 mètres à 0 m. 005. Elle enregistre surtout les vibrations photo-chimiques de 800 à 1.600 trillions à la seconde.

La plaque perçoit ce que l'esprit humain concevait et certifiait. On ne peut donc plus croire seulement à ce qu'on voit (ce qui est d'ailleurs souvent illusoire, étant données les aberrations des sens). La lumière éclaire tout l'Univers. L'ombre est une sorte de lumière, elle n'existe pas absolument en soi.

La vie étant une rupture d'équilibre, ou plutôt d'inertie, ou tout au moins d'équilibre en évolution, le mouvement de la vie aura sa lumière qui permettra d'apprécier son action. L'intensité de la lumière et la pureté du dessin nous fixeront sur le degré d'évolution du sujet.

12. — *L'Initiation celtique.* — *Les Druides et les Bardes. L'Âme gauloise.*

Contrairement aux données historiques tendancieuses de J. César et des écrivains religieux, nos ancêtres les

Gaulois, et en particulier leurs druides, n'étaient pas les barbares qu'ils nous ont dépeints. Henri Martin a corrigé bien des erreurs volontaires sur ce point. Jules César a lui-même avoué que les druides croyaient à l'immortalité de l'âme (*non interire animas*) et à leur transmigration (*ab aliis post mortem transire ab aliis*), points qui ont été confirmés ensuite par Diodore de Sicile, Ammien Marcellin, Pomponius Mela, Valère Maxime.

Les bardes se sont maintenus à travers les invasions successives des Romains, des Anglo-Saxons et des Anglais. Ils constituaient une sorte de franc-maçonnerie, qui conserva la tradition des vieilles croyances nationales, avec l'âpre volonté celtique. Le culte des morts, la fête du 1er novembre en est une.

Il fallait une initiation de vingt ans pour se préparer au grade de druide. Ce titre équivalait à celui d'érudit, de sage. Quelques-uns d'entre eux, les eubages, se consacraient au culte, les autres, les plus nombreux, se vouaient à l'éducation et à l'instruction, aux sciences et à la justice.

La grande nature leur servait de temple. Les sacrifices humains, qui existaient au début, ne s'introduisirent à nouveau que plus tard, pendant la période de décadence du druidisme. C'étaient surtout des exécutions judiciaires.

Leur enseignement donnait naissance à des institutions politiques et sociales, conformes au sentiment d'équité. Les Gaulois connaissaient leurs communes et grandioses destinées. Ils avaient, par suite, conscience de leur liberté et de leur égalité en face des lois de la nature.

Les femmes tenaient une place importante dans les assemblées. Voyantes et inspirées, elles exerçaient les fonctions sacerdotales. Au lieu d'être asservies sous une tutelle rigide, comme en droit romain, elles conservaient le droit de disposer d'elles-mêmes et de choisir librement leur époux.

On ne connaissait pas le droit de propriété individuelle.

La terre appartenait à tous, comme dans une république effective et aucun droit n'était toléré à l'individu.

Les invasions romaine et franque, la sombre période de la féodalité, reculèrent dans un lointain obscur les vieilles traditions celtiques. Mais, un jour, toute l'ancienne Gaule s'est réveillée en repoussant ces importations étrangères : la monarchie et la théocratie. Toute l'ancienne Gaule s'est ressaisie pendant la grande Révolution.

Il y a toute une littérature qui nous renseigne sur l'initiation celtique. Voici, à titre de documentation, une série de triades bardiques, traduites aussi fidèlement que possible sur l'original et prises d'après la publication de M. Ed. William :

— Existant de toute éternité au milieu des grands océans, je ne suis pas issu d'un père et d'une mère. Je suis né des formes élémentaires de la nature, des rameaux des arbres, des fruits des forêts, des fleurs des montagnes. Je me suis glissé dans la nuit, j'ai sommeillé dans l'aurore. J'ai été serpent, j'ai été poisson dans le lac, aigle dans les cieux, fauve et loup dans les forêts. Puis, désigné par le sage des sages, par Gwyon, j'ai obtenu l'immortalité. Au bout de plusieurs essais, j'ai été pâtre, voilà bien du temps. Souvent je suis venu sur la terre avant d'être versé dans les sciences. Finalement, je me suis distingué parmi les chefs. J'ai enfin officié, revêtu des habits sacrés. J'ai existé dans cent univers, je me suis agité dans cent mondes, j'ai vécu dans cent cercles.

— Il y a trois unités primitives, et de chacune il ne saurait y avoir qu'une seule : un absolu, une vérité et un point de liberté ou d'équilibre.

— Trois choses procèdent des trois unités primitives : toute vie, tout bien et toute puissance.

— Trois causes originelles des êtres vivants : l'amour absolu, en harmonie avec la suprême intelligence ; la sagesse suprême par la connaissance parfaite de tous les moyens et la puissance absolue.

— Il y a trois cercles de l'existence : 1° cylch y Ceugnant = le cercle de la région vide où l'absolu règne seul ; 2° cylch ir Abred = le cercle où tout être animé procède par la mort et de la mort, et que l'homme a traversé ; 3° cylch Gwynfyd = le cercle où tout être animé procède de la vie et que l'homme traversera.

— Trois états successifs et progressifs des êtres animés : 1° l'état d'abaissement dans Annwfn, l'abîme ; 2° l'état de liberté dans l'humanité ; 3° l'état de félicité par l'amour dans les cycles supérieurs.

— Trois phases nécessaires, par rapport à la vie : 1° commencement dans Annwfn ; 2° transmigration dans Abred, et 3° sérénité et plénitude dans Gwynfyd. Sans ces trois épreuves nul ne peut exister, sauf l'absolu.

— Trois choses nécessaires dans le cercle d'Abred : 1° le moindre degré possible de toute vie et de là son commencement ; 2° la matière de toutes choses et de là leur accroissement progressif, qui ne peut s'opérer que dans l'état de nécessité, en vertu de lois nécessaires, et 3° la formation de toutes choses qui surgissent de la mort et de la débilité des existences.

— Trois choses auxquelles tout être vivant participe nécessairement par la justice de l'absolu : 1° la sympathie ou le secours de l'absolu dans Abred, sans laquelle nul ne pourrait rien connaître entièrement ; 2° le privilège d'avoir part à l'amour absolu, et 3° l'accord avec lui quant à l'accomplissement tant que la justice est satisfaite.

— Trois causes de la nécessité du cercle d'abred : le développement de la connaissance de toute chose et le développement de la force morale pour surmonter tout contraire et se délivrer du mal (Drog). Sans cette transition de chaque état de vie, il ne saurait y avoir d'accomplissement pour aucun être.

— Trois calamités primitives du cercle d'Abred : la nécessité, l'absence de mémoire et la mort.

— Trois conditions indispensables pour arriver à la

plénitude de la science : 1° transmigrer dans Abred ; 2° transmigrer dans Gwynfyd, et 3° se ressouvenir de toutes choses
jusque dans Annwfn.

— Trois choses nécessaires dans le cercle d'Abred : 1° la
transgression de la loi, car il ne saurait en être autrement ;
2° la délivrance de la mort devant Drog et Cythraul ; 3° l'accroissement de la vie du bien par l'éloignement de Drog
dans la délivrance de la mort, et cela par l'amour de l'Absolu qui embrasse toutes choses.

— Trois moyens efficaces de l'Absolu dans Abred pour
dominer Drog et Cythraul et surmonter leur opposition par
rapport au cercle de Gwynfyd : la nécessité, la perte de la
mémoire et la mort.

— Trois choses sont primitivement contemporaines :
l'homme, la liberté et la lumière.

— Trois choses nécessaires pour le triomphe de l'homme :
l'impassibilité ou maîtrise de soi, le changement et le libre
choix et avec ce pouvoir de choisir, on ne peut savoir
d'avance avec certitude où ira l'homme.

— Trois alternatives offertes à l'homme : Abred et
Gwynfyd, nécessité et liberté, mal et bien, le tout en équilibre. Et l'homme peut à volonté s'attacher à l'une ou à l'autre
de ces alternatives.

— Par trois choses l'homme tombe dans la nécessité
d'Abred (ou de la transmigration) : 1° par l'absence d'effort
vers la connaissance ; 2° par le non-attachement au bien ;
3° par l'attachement au mal. En conséquence, il descend
alors dans Abred jusqu'à son analyse et il recommence le
cours de ses transmigrations.

— Il y a trois victoires sur Drog et Cithraul : la science,
l'amour et la force morale, car le savoir, le vouloir et le
pouvoir surmontent tout dans leur connexion avec les
choses. Ces trois victoires commencent dans la condition
et se continuent éternellement.

— Trois privilèges de la condition de l'homme : 1° l'équilibre du mal et du bien ; 2° et de là la faculté de compa-

rer ; 3° la liberté dans le choix et de là le jugement et la préférence. Ces trois choses sont nécessaires pour accomplir quoi que ce soit.

— Trois différences essentielles entre l'homme ou tout être et l'Absolu : 1° l'homme est limité et l'Absolu ne saurait l'être ; 2° l'homme a un commencement et l'Absolu ne saurait en avoir ; 3° l'homme doit nécessairement passer par des changements d'états successifs dans le cercle de Gwynfyd, à cause de son impuissance à supporter Ceugnant, et l'Absolu ne saurait changer, car il peut supporter toute chose avec félicité.

— Trois avantages principaux du cercle de Gwynfyd : l'absence de mal, l'absence de besoin, l'absence de mort.

— Trois choses qui seront rendues à l'homme dans le cercle de Gwynfyd : 1° le génie primitif; 2° l'amour primitif, et 3° la mémoire primitive, car sans cela il ne saurait y avoir de félicité (le génie primitif s'appelle Arven).

— Trois différences qui distinguent entre eux tous les êtres vivants : 1° l'Arven; 2° la mémoire; 3° la perception. C'est en cela que consiste la plénitude propre de chaque individu, et il ne saurait y avoir deux plénitudes d'une même chose.

— Trois dons que l'Absolu a faits à tout être animé : 1° une vie complète en elle-même; 2° une individualité absolument distincte; 3° l'originalité de son Arven primitive, par rapport à tout autre. Et c'est là ce qui constitue la personnalité complète de chaque être.

— De la connaissance de trois choses résultera l'anéantissement du mal et la victoire de l'homme sur tout mal et sur la mort : 1° de leur nature intrinsèque; 2° de leur origine; 3° de leur mode d'action. Cette connaissance sera obtenue dans le cercle de Gwynfyd.

— Les trois puissances ou bases de la science; 1° la transmigration complète par tous les états des êtres; 2° le souvenir de chaque transmigration et de ses incidents; 3° le pouvoir de passer de nouveau par un état quelconque en vue de l'expérience et du jugement, et cela sera obtenu dans le cercle de Gwynfyd.

— Trois choses qui n'auront point de fin à cause de la nécessité de leur puissance : 1° la forme de l'existence ; 2° la qualité de l'existence ; 3° l'utilité de l'existence. Car ces choses dans les êtres vivants, comme dans les êtres inanimés, dureront éternellement, par suite de l'absence du mal dans la diversité du beau et du bien dans le cercle de Gwynfyd.

— Trois choses excellentes qui résultent des changements d'état dans Gwynfyd : 1° l'instruction ; 2° la beauté, et 3° le repos, à cause de l'impossibilité de supporter le Ceugnant, qui est au delà de toute connaissance.

— Trois choses s'accroissent continuellement : 1° le feu ou la lumière ; 2° l'intelligence ou la vérité ; 3° l'esprit ou la vie. Ces trois choses finissent par prédominer sur toutes les autres, et alors Abred sera détruit.

— Trois choses diminueront continuellement : l'obscurité, l'erreur et la mort.

— Trois choses se renforcent de jour en jour : l'amour, la science, la justice.

— Les trois plénitudes du bonheur de Gwynfyd 1° participer de toute qualité avec une perfection principale ; 2° posséder toute espèce de génie avec génie prééminent ; 3° embrasser tous les êtres dans un même amour avec l'amour absolu. C'est en cela que consiste la plénitude de la félicité dans Gwynfyd.

— Trois nécessités de l'Absolu : 1° être infini en lui-même ; 2° être fini par rapport au fini 2° être en rapport avec chaque état des existences dans le cercle de Gwynfyd, etc.

Nous n'insisterons pas sur la profondeur de cette initiation, que le lecteur appréciera selon sa propre initiation car, en ces matières, on pénètre toujours de plus en plus les mystérieux secrets de la nature, mais on ne peut comprendre au delà de son degré d'évolution, ce qui fait que les âmes peu évoluées ne saisissent pas le sens intime de ces arcanes.

Nous voyons qu'un champ d'activité intellectuelle et sentimentale indéfini reste toujours ouvert à l'homme pour l'étude, de plus en plus attachante et sans terme, des merveilles des univers sans limites. Aux richesses accumulées par ses vies successives, l'être ajoutera sans cesse de nouveaux trésors. Sans cesse des sphères nouvelles lui offrent des océans de félicités grandissantes. Il lui suffit d'aimer, de vouloir pour savoir et progresser éternellement.

13. — *Le Point Gamma.*

Aux Initiés.

La lettre G, le gamma, est le symbole le plus élevé de l'initiation maçonnique. On la trouve inscrite au centre de l'étoile flamboyante, qui a été le signe de ralliement de toutes les initiations. Elle symbolise la Connaissance.

La lettre Gh ⌐ apparaît pour la première fois chez les Phéniciens il y a trente-quatre siècles. Elle est la troisième de l'alphabet phénicien. Elle ressemble à une équerre. Les Égyptiens et ensuite les Hébreux l'ont conservée dans leurs mystères. Ces derniers l'ont assimilée à leur Gh ג qui était également la troisième lettre de leur alphabet, qui, à l'origine, ressemblait à l'alphabet phénicien,

Pourtant, remarquons que la lettre sacrée des Juifs fut plutôt l'iod י, troisième porte-voyelle, initiale du verbe substantif. D'où le mot Iahveh qui veut dire : « ce qui a été, qui est et qui sera », terme qui a été modifié en Jéhovah.

On remarque encore dans le ג (gh) et le iod י israélites des signes qui ressemblent à l'équerre maçonnique.

Pythagore, le célèbre initié de l'antiquité, adopta comme symbole le Γ gamma majuscule, assez semblable à l'iod. C'est l'initiale du mot gnosis, la gnose = connaissance. C'était aussi la troisième lettre de l'alphabet grec.

Ensuite les francs-maçons, constructeurs d'églises, adoptèrent le symbole géométrique : l'équerre.

Dans la langue gothique, le giba était la troisième lettre de l'alphabet. Dans le dbu-tchan, alphabet du Thibet le G (ga) était aussi la troisième lettre et avait la forme d'une équerre avec quelques nuances de détail.

Dans l'écriture glagolitique (slave antique), le G est encore la troisième lettre. Le ghé russe est la troisième consonne et a la forme d'une équerre.

Dans notre alphabet, la lettre G n'occupe pas une place prise au hasard. Le mot *meter*, en grec et en sanscrit, signifie mesure et aussi voyelle.

Nos voyelles auraient-elles, dans notre alphabet, le même rôle que les barres de mesure dans la musique? Examinons-le.

A	B	C	D		
E	F	G	H		
I	J	K	L	M	N
O	P	Q	R	S	T
U	V	X	Y	Z	

Les voyelles, figurant dans la première colonne, les lettres, encadrées dans la troisième colonne, ont la même articulation gutturale. La racine est la même et tous les noms qui en sont issus ont le sens général de puissance, de connaissance, de génération.

Le mot génération se retrouve en grec, en latin, en espagnol, en italien : gonne (création) genèse, générique ; queen en anglais (reine), en breton (femme), semblable à qvina en suédois (femme), g'ani en hindou (femme), ga'ninis (mère), gay en annamite.

En outre, gaaien (s'accoupler, s'unir), gaaüng (union) en flamand et en breton ; gig en grec = être produit, naître ; en hébreu, kana = créer, former, cun (formé), gnonah (cohabitation) ; en sanscrit gan-ga-ti (il produit, il crée) ; en hindou gaganti (il engendre), ganita (engendré) ; en grec, gè = terre ; en sanscrit, ga (être creux) signifie aussi : envelopper, entourer, contenir, phénomènes qui s'appliquent à la gestation ; en wolof (Afrique centrale) et en annamite, ghé = cavité, vase, récipient.

G exprime une idée de force, de puissance, de divinité. C'est Gad en syrien, Gud en suédois, Gott en allemand, God en anglais, Goda en persan, Godan en wodan chez les Danois, Got-su-ten-oo chez les Japonais, Godma ou Godama chez les Singalais ou les Siamois.

Il signifie également le savoir, la connaissance (du latin cognoscere, en vieux français cognaître, en grec gnosis, en sanscrit g'na et gana).

La lettre G a correspondu aux nombres 3 et 5, dont nous retrouvons partout le symbolisme.

Ce sont d'abord les trois états de la matière en sciences naturelles (matière brute [1] vivante, pensante), en physique (solide, liquide, gazeux), en art (graphique : peinture, dessin, broderie ; plastique : sculpture, modelage ; idéal : description littéraire), en dimensions (longueur, largeur, profondeur).

Dans les rituels anciens, G, cinquième consonne de l'alphabet, est l'initiale de la cinquième science : la géométrie. En grec, Pente, qui veut dire cinq, est la racine de pan, qui signifie : tout. C'est la Gnose, la Connaissance.

En physique, l'accélération de la pesanteur, résultat de l'attraction F, est aussi représentée par la lettre G. En

_____

(1) Ce sont des apparences, car tout vit.

mécanique même, l'accélération G du mobile dans le mouvement absolu est la somme géométrique de trois accélé-
rations : 1° dans le mouvement relatif ; 2° dans le mouve-
d'entraînement ; 3° l'accélération dite de Coriolis, ou complémentaire.

La quinzième lettre de l'alphabet arménien (3×5), le
G, gu, guéne, représente les deux équerres placées de façon
à ce que les deux lignes horizontales soient parallèles L_U
intermédiaire entre K et Gh dur.

Mots commençant par L_U : guine (femme), grag (feu), garo-
ghoutiune (pouvoir), guér (aliments). gamk (volonté), gamar
(voûte), gartol (lire), garmir (rouge), guéss (moitié, demi),
gconk (religion), guétrone (centre), gate (lait).

Telles sont les observations essentielles à faire sur le
gamma des initiés, symbole de la vie éternelle et de la vérité,
point de jonction de l'involution et de l'évolution générales.

14. — L'Hexagramme universaliste.

Toute l'œuvre de synthèse universaliste se trouve résumée
symboliquement dans l'hexagramme, dont le dessin, repro-
duit sur la couverture, donne la clef. Tout l'idéalisme,
enclos dans les arts, les lettres et les initiations, tout le
bleu venant des plans supérieurs involue, pénètre dans
l'Humanité. C'est le comité d'études psychiques, spiritualistes et esthétiques, représenté par le triangle dont la
pointe est en bas. La couleur jaune d'or, qui symbolise
l'intellectualité, en occultisme, sera réservée au Comité
d'études scientifiques et philosophiques, qui recherche le
vrai, et enfin la couleur rouge est tout indiquée pour la
Loge sociale.

Ce sont les trois couleurs fondamentales. Les couleurs
intermédiaires en proviennent, et le blanc, symbole de

Lumière, les contient toutes. C'est le cœur même de l'Universalisme, la Confédération générale de la Pensée, d'où résulte l'arc-en-ciel de résurrection avec l'aurore des temps nouveaux, puis, d'Occident en Orient, l'évolution et le souffle de l'esprit (couleur violette) allant vers l'Orient et l'espérance (couleur verte) et contenant la vie universelle d'alpha en oméga.

FIN

TABLE GÉNÉRALE DES MATIÈRES

CHAPITRE IV

2499. — Tours, imprimerie E. Arrault et Cⁱᵉ.